복음이 이끄는 삶

복음이 이끄는 삶

박성민 지음

순출판사
C.C.C./한국대학생선교회

차례

저자 서문	6
진정한 예수 중독자들	11
복음에 합당한 삶	23
낮아짐으로 얻는 기쁨	35
본받을 자를 본받으십시오	45
헌신의 사람, 에바브로디도	55
영적인 변화를 추구하십시오	67
리더십 디자인	81
주 안에 서야 합니다	93
우리 자신을 다스려야 합니다	105
주 안에서 풍요함을 누리십시오	117

저자 서문

얼마 전까지만 해도 한국 교회의 현주소를 논하며 성장이 멈추어 버렸다고 흔히들 말해 왔습니다. 그러나 최근에는 단순히 성장이 멈춘 단계를 훌쩍 넘어 분명한 감소추세로 접어들었다는 것을 지적하며 염려하는 목소리가 높습니다. '교인' 또는 '기독교'라는 말이 더 이상 호감을 주지 못한다는 것뿐 아니라 비판의 대상이 되어버렸다는 평가까지 또한 존재하는 것이 현재의 솔직한 상황입니다.

그 중에서도 미래의 주인들이라고 하는 십대와 이십대 간에 이러한 감소 추세가 어느 세대보다도 더욱 더 심각하다는 사실은 한국 교회의 미래를 염려하는 모든 이들을 더욱 더 걱정하도록 만들고 있습니다. 이대로 놓아둔다면 아니 변화 없이 이 추세대로 진행되어 간다면 한국 교회의 미래는 서구 교회가 이미 경험한 '노인들만

남은 교회'라는 안타까운 모습으로 전락해 버릴 수 있기 때문입니다.

  이러한 모습을 보며 다양한 분석을 통해 다양한 처방이 주어질 수 있습니다. 그러나 그 어떤 처방도 가장 근본이 되는 명제인 '복음을 향한 열정'을 회복하지 않는다면 약효를 발휘할 수 없을 뿐 아니라 오히려 해를 초래할 수도 있다고 생각합니다. 복음을 향한 열정은 마치 우리 몸의 기본 체력이나 체질과 비교할 수 있는 것입니다. 기본 체력이 있을 때 약이 들을 수 있으며, 체질이 개선되어야 변화가 있을 수 있습니다.

  '복음을 향한 열정'의 회복을 향한 귀한 메시지가 빌립보서에는 가득합니다. 2000년 전에 빌립보 교인들을 향해 쓴 편지 속에 담겨 있는 사도 바울의 뜨거운 복음을 향한 열정이 21세기를 사는 우리들에게도 동일하게 전달이 되고 있다는 것을 발견합니다. 복음의 열정의 메시지로 가득한 빌립보서를 통해 우리에게도 사도 바울의 열정적 마음이 옮겨질 수 있습니다.

우리가 빌립보서를 통해 분명히 발견할 수 있는 것은 바로 '복음' 중심으로 모든 것을 보아야 한다는 것입니다. 물론 이곳에서 말하는 복음이란 좁은 의미에서 말하는 것이 아니라 '예수 그리스도의 삶과 사역 및 그 의미'를 포괄적으로 포함하고 있는 단어입니다.

빌립보서는 '복음에 사로잡힌 삶을 살아야 한다' 는 주제를 분명히 전달해 주고 있습니다. 인생의 모든 것을 복음의 각도에서 보는 삶이며 그러한 각도에서 볼 때 모든 것이 분명해 질 수 있다고 말하고 있습니다.

릭 워렌(Rick Warren) 목사의 '목적이 이끄는 삶'(Purpose-driven life)라는 책이 베스트셀러 중의 베스트셀러가 되었습니다. 그 제목을 이용하여 빌립보서의 내용을 간단히 한마디로 요약하자면, 편지의 흐름과 내용을 통해 분명히 하고 있듯 삶의 목적이 복음 중심이기에 '복음이 이끄는 삶(gospel-driven life)을 살라'고 말할 수 있습니다.

이 책이 복음의 열정이 식어가는 한국 교회 속에 복음을 향한 열정을 다시금 불어넣는 데 조그마한 역할이라도 감당했으면 하는 소망이 있습니다. 사도 바울과 같은 복음에 사로잡힌 사람들의 헌신을 통해 다시금 부흥의 모드로 변화하는 한국 교회를 꿈꾸어 봅니다.

박성민(한국 C.C.C. 대표)

1장 빌립보서 1장 1절~26절

진정한 예수 중독자들

이 세상에서 진정으로 미칠 가치가 있는 것은
바로 예수 그리스도의 복음을 위한 것뿐입니다.

빌립보서 1장 1절~26절

¹그리스도 예수의 종 바울과 디모데는 그리스도 예수 안에서 빌립보에 사는 모든 성도와 또는 감독들과 집사들에게 편지하노니 ²하나님 우리 아버지와 주 예수 그리스도에게로서 은혜와 평강이 너희에게 있을지어다 ³내가 너희를 생각할 때마다 나의 하나님께 감사하며 ⁴간구할 때마다 너희 무리를 위하여 기쁨으로 항상 간구함은 ⁵첫날부터 이제까지 복음에서 너희가 교제함을 인함이라 ⁶너희 속에 착한 일을 시작하신 이가 그리스도 예수의 날까지 이루실 줄을 우리가 확신하노라 ⁷내가 너희 무리를 위하여 이와 같이 생각하는 것이 마땅하니 이는 너희가 내 마음에 있음이며 나의 매임과 복음을 변명함과 확정함에 너희가 다 나와 함께 은혜에 참예한 자가 됨이라 ⁸내가 예수 그리스도의 심장으로 너희 무리를 어떻게 사모하는지 하나님이 내 증인이시니라 ⁹내가 기도하노라 너희 사랑을 지식과 모든 총명으로 점점 더 풍성하게 하사 ¹⁰너희로 지극히 선한 것을 분별하며 또 진실하여 허물없이 그리스도의 날까지 이르고 ¹¹예수 그리스도로 말미암아 의의 열매가 가득하여 하나님의 영광과 찬송이 되게 하시기를 구하노라 ¹²형제들아 나의 당한 일이 도리어 복음의 진보가 된 줄을 너희가 알기를 원하노라 ¹³이러므로 나의 매임이 그리스도 안에서 온 시위대 안과 기타 모든 사람에게 나타났으니 ¹⁴형제 중 다수가 나의 매임을 인하여 주 안

에서 신뢰하므로 겁 없이 하나님의 말씀을 더욱 담대히 말하게 되었느니라 [15]어떤 이들은 투기와 분쟁으로, 어떤 이들은 착한 뜻으로 그리스도를 전파하나니 [16]이들은 내가 복음을 변명하기 위하여 세우심을 받은 줄 알고 사랑으로 하나 [17]저들은 나의 매임에 괴로움을 더하게 할 줄로 생각하여 순전치 못하게 다툼으로 그리스도를 전파하느니라 [18]그러면 무엇이뇨 외모로 하나 참으로 하나 무슨 방도로 하든지 전파되는 것은 그리스도니 이로써 내가 기뻐하고 또한 기뻐하리라 [19]이것이 너희 간구와 예수 그리스도의 성령의 도우심으로 내 구원에 이르게 할 줄 아는 고로 [20]나의 간절한 기대와 소망을 따라 아무 일에든지 부끄럽지 아니하고 오직 전과 같이 이제도 온전히 담대하여 살든지 죽든지 내 몸에서 그리스도가 존귀히 되게 하려 하나니 [21]이는 내게 사는 것이 그리스도니 죽는 것도 유익함이니라 [22]그러나 만일 육신으로 사는 이것이 내 일의 열매일진대 무엇을 가릴는지 나는 알지 못하노라 [23]내가 그 두 사이에 끼였으니 떠나서 그리스도와 함께 있을 욕망을 가진 이것이 더욱 좋으나 [24]그러나 내가 육신에 거하는 것이 너희를 위하여 더 유익하리라 [25]내가 살 것과 너희 믿음의 진보와 기쁨을 위하여 너희 무리와 함께 거할 이것을 확실히 아노니 [26]내가 다시 너희와 같이 있음으로 그리스도 예수 안에서 너희 자랑이 나를 인하여 풍성하게 하려 함이라

> 복음에 대한 소망을 잃으면 모든 것이 무의미하다.
>
> -폴 매드슨-

복음의 진보를 위한 삶

요즘 우리 사회에는 다양한 '중독' 현상이 난무하고 있습니다. 쇼핑 중독에 걸린 여인들, 주식 투자에 중독되어 사는 사람들, 사이버 게임 중독에 빠진 젊은이들 얘기를 쉽게 들을 수 있습니다. 중독 현상이란 공통적으로 어떤 특정한 일을 자주 안 하면 기운이 빠지고, 안 하고는 살 수 없는, 통제를 잃어버린 상태를 표현한 것입니다.

그러나 모든 중독을 그렇게 부정적 관점으로만 보아서는 안 됩니다. 실은 믿지 않는 이들이 보기에 초대 기독교인들은 '예수 그리스도 중독증'에 걸린 사람들이었습니다. 그리스도인이라는 명칭은 일종의 경멸의 의미를 담고 있었습니다. 어쩌면 무지막지한 죄인들에게나 주어지는 십자가형으로 처형된, 범죄자 중의 범죄자를 주님이라 목숨을 바치는 그러한 사람들을 '예수에 미쳐 버린 진정한 예수 중독자들'로 간주하는 것은 당연한 일이었는지도 모릅니다.

이러한 모습들은 수많은 타협 속에 살고 있는 오늘날 크리스천들의 모습과 커다란 대조를 이룹니다. 오늘날 우리 사회는 신앙의 영역까지도 적당주의의 물결 속에 휩말리고 있습니다. 본 장의 말씀 속에 나오는 사도 바울의 복음과 신앙을 향한 열정을 통해 다시 한번 도전 받아야겠습니다.

먼저 기도 생활의 중심에 '복음의 진보'가 있어야 합니다(9~11절).

사도 바울의 기도를 보면 그의 복음을 향한 열정을 발견할 수 있습니다. 9절에서 사도 바울은 '사랑의 풍성함'을 위해 기도하고 있습니다. 그것은 무엇에 대한 사랑인가를 밝히지 않은, 하나님을 향한 사랑, 서로를 위한 사랑 등 모든 것을 포함하고 있는 사랑입니다. 그러한 사랑은 단순히 감정적이거나 순간적 즐거움 같은 것이 아니었습니다. "너희 사랑을 지식과 모든 총명으로"

라는 표현에서 보면 그것은 바로 하나님을 아는 지식, 즉 하나님의 말씀과 그의 길로 향하는 지식과 총명함의 인도함을 받고자 하는 기도였습니다.

또한 사도 바울은 그들이 결코 평범한 기독교인들로 남아 있기를 바라지 않았습니다. 10절에 "지극히 선한 것을 분별하며"라는 말씀은 신앙 생활에서 최선의 것을 좇을 수 있도록 기도하는 것입니다. 이것이 바로 사도 바울이 빌립보 교인들 사이에 일어나기 원했던 복음의 진보였습니다. 이러한 복음의 진보를 통하여 "하나님의 영광과 찬송이 되게 하시기를 구하노라"(11절)고 하였습니다. 하나님의 영광이 초점이 되는 것입니다. 우리는 사도 바울의 기도를 통하여 무엇을 위해 기도해야 하는지를 배울 수 있습니다.

우리는 대부분 각자의 필요에 따라 기도합니다. 물론 그런 기도는 합당한 것이며, 그 자체에 문제가 있는 것은 아닙니다. 그렇지만 우리의 기도 속에 복음의 진보를 우선순위에 두고 있는지 살펴보아야 하겠습니다. 바울 서신 속에 나오는 그의 기도의 분명한 특징은 복음이 중심이 되는 기도를 했다는 것입니다. 우리는 기도 속에서 복음의 위치를 제대로 찾아야 합니다.

복음을 위한 야망과 소망

우리의 야망과 미래에 대한 계획의 중심에 '복음의 진보'가 있어야 합니다(12~18절).

사도행전 26장을 보면 사도 바울이 예루살렘에서 잡힌 후 가이사 앞에서 재판을 받아야 한다고 청하는 장면이 나옵니다. 그것으로 인해 사도 바울은 가이사의 판결을 기다리고 있었습니다. 그가 구속되기 전 이미 그의 구속은 예견된 것이었습니다. '성령의 감동하에 있는 제자들'의 완강한 반대(행 21:4)와 더불어 아가보라는 선지자의 결박에 대한 예언 또한 사도 바울의 예루살렘행을 저지하기에 충분했습니다.

그렇지만 바울은 조금도 두려워하지 않았습니다. 12절에 보면 바울은 오히려 '나의 당한 일이 도리어 복음의 진보가 되었다.'고 말하고 있습니다. 또한 "그리스도 안에서 온 시위대 안과 기타 모든 사람에게 나타났으니"(13절)라고 증거하고 있습니다. 그 당시 기록에 의하면 가장 많았을 때의 시위대의 숫자가 9,000명 정도 되었다고 합니다. 이것을 생각해 볼 때 시위대 사람 모두가 사도 바울에게 직접 복음을 들었다고 보기는 어렵습니다. 오히려 그의 옥중 생활 속에서 보여 준 담대함이 금세 복음으로 번지지 않았을까 생각합니다.

이러한 사도 바울의 담대함에 대해 다른 성도들은 다양한 반응을 보였습니다. 순수한 이들은 그의 담대함을 본받아 더욱 더 담대히 복음을 전하게 되었습니다. 사도 바울의 경쟁자들이라고 여겨지는 자들은 그에게 고통을 더하기 위한 순수하지 못한 의도로(15, 17절) 오히려 복음을 전하게 되었습니다. 그러나 무엇보다 중요한 사실은 사도 바울의 반응입니다. 사도 바울은 다른 사람들의 의도나 태도에 영향을 받지 않았습니다. 그의 관심은 오직 복음이 전파되고 있는가에 있었습니다. 여기서 우리는 그가 가진 복음에 대한 열정을 다시 한번 확인할 수 있습니다.

여러분의 야망은 무엇입니까? 앞으로 무엇이 되기를 원하십니까? 그러한 야망과 소원을 가지고 기도하며 노력하는 데 있어 복음의 진보라는 것은 당신에게 어떤 영향을 끼치고 있습니까? 무엇보다 복음의 진보를 염두에 두고 가장 효과적으로 사람들에게 영향을 주며 변화를 일으킬 수 있는 일을 꿈꾸어야 합니다. 결국 이 세상은 모든 사람들이 예수 그리스도를 만나 변화될 때 참다운 변화가 일어날 수 있습니다.

올바른 자기 부인

'자기 부인'의 중심에 '복음의 진보'가 있어야 합니다 (19~26절).

예수님께서는 당신의 제자들이 되고자 하는 사람들을 향하여 "아무든지 나를 따라오려거든 자기를 부인하고 자기 십자가를 지고 나를 좇을 것이니라."(막 8:34)고 말씀하셨습니다. 우리는 '자기 부인'의 의미를 오해하여 그 자체를 우상화 또는 절대화시킬 수 있습니다. 어떤 이에게는 금식이나 기도 자체가 자기에게 기쁨을 더하는 행위가 될 수 있습니다. 마치 마약을 먹으면 흥분하고 기분이 좋아지는 것과 같이 금식이나 경건의 행위 자체로 인해 기분이 좋은, 지극히 이기적인 상황이 연출될 수 있

> 진정으로 가치가 있는 이 복음이 우리와 우리의 생각과 우리의 행동을 바꾸어야 합니다.

다는 것입니다.

우리는 사도 바울의 고백을 통해 '자기 부인'의 올바른 모습을 찾아볼 수 있습니다. 바울은 '살든지 죽든지 내 몸에서 그리스도가 존귀히 되게 하려 한다.'(20절)고 고백합니다. 또한, 그렇기에 죽어 예수 그리스도와 함께하는 것이 더욱 좋으나(24절) 맡겨진 자들의 '믿음의 진보와 기쁨을 위하여 사는 것'(25절)이 중요하다는 것을 표현하고 있습니다.

그가 가장 원한 것은 하늘나라의 문에 도달하여 예수 그리스도를 만나는 기쁨을 누리는 것이 아니었습니다. 죽음의 고통을 피해 자신의 사역지로 돌아와 지속하여 사역을 하고 싶은 것도 아니었습니다. 오직 그의 선택과 결정의 기초는 그의 사역 대상자들에게 맞추어져 있었습니다. 바로 이것이 우리에게 필요한 자세입니다.

이 세상의 사람들이 다른 것에 미쳤거나 중독되어 살고 있는 것을 보면서 과연 우리는 무엇에 미쳐 있으며,

무엇에 중독되어 있는가를 생각해 보아야 합니다. 물론 여기에서는 긍정적 의미의 '중독'이라는 단어를 사용하고 있습니다. 이 세상에서 진정으로 미칠 가치가 있는 것은 바로 예수 그리스도의 복음을 위한 것뿐입니다.

진정으로 가치가 있는 이 복음이 우리와 우리의 생각과 우리의 행동을 바꾸어야 합니다. 이 복음은 예수 그리스도를 통해 우리에게 전해졌으며, 그것을 통해 우리가 생명을 얻었습니다. 우리의 기도 생활에 복음이 우선이 될 수 있도록 해야겠습니다. 각자의 직업, 소명을 통해 어떤 복음의 진보를 이룰 것인지 결정하고 노력하시기 바랍니다. 또한 복음의 열매들, 순원들을 포함한 신앙이 연약한 사람들을 각자 '자기 부정'의 중심에 두어야 합니다.

결국 우리의 삶은 자신을 위한 삶이 아니며 남을 위한 삶입니다. 남을 위해 살아가는 것이 결국 자신을 위한 참다운 삶이라는 역설의 원리를 발견합시다.

2장 빌립보서 1장 27절~2장 4절, 2장 12절~18절

복음에 합당한 삶

기독교인들은 만족하는 모습이 필요합니다.
진정한 감사로 가득한 삶과
거룩한 찬양으로 가득한 성도들이 되어야 합니다.

빌립보서 1장 27절~2장 4절, 2장 12절~18절

²⁷오직 너희는 그리스도 복음에 합당하게 생활하라 이는 내가 너희를 가 보나 떠나 있으나 너희가 일심으로 서서 한 뜻으로 복음의 신앙을 위하여 협력하는 것과 ²⁸아무 일에든지 대적하는 자를 인하여 두려워하지 아니하는 이 일을 듣고자 함이라 이것이 저희에게는 멸망의 빙거요 너희에게는 구원의 빙거니 이는 하나님께로부터 난 것이니라 ²⁹그리스도를 위하여 너희에게 은혜를 주신 것은 다만 그를 믿을 뿐 아니라 또한 그를 위하여 고난도 받게 하심이라 ³⁰너희에게도 같은 싸움이 있으니 너희가 내 안에서 본 바요 이제도 내 안에서 듣는 바니라

2 그러므로 그리스도 안에 무슨 권면이나 사랑에 무슨 위로나 성령의 무슨 교제나 긍휼이나 자비가 있거든 ²마음을 같이 하여 같은 사랑을 가지고 뜻을 합하며 한 마음을 품어 ³아무 일에든지 다툼이나 허영으로 하지 말고 오직 겸손한 마음으로 각각 자기보다 남을 낫게 여기고 ⁴각각 자기 일을 돌아볼 뿐더러 또한 각각 다른 사람들의 일을 돌아보아 나의 기쁨을 충만케 하라

¹²그러므로 나의 사랑하는 자들아 너희가 나 있을 때뿐 아니라 더욱 지금 나 없을 때에도 항상 복종하여 두렵고 떨림으로 너희 구

원을 이루라 ¹³너희 안에서 행하시는 이는 하나님이시니 자기의 기쁘신 뜻을 위하여 너희로 소원을 두고 행하게 하시나니 ¹⁴모든 일을 원망과 시비가 없이 하라 ¹⁵이는 너희가 흠이 없고 순전하여 어그러지고 거스리는 세대 가운데서 하나님의 흠 없는 자녀로 세상에서 그들 가운데 빛들로 나타내며 ¹⁶생명의 말씀을 밝혀 나의 달음질도 헛되지 아니하고 수고도 헛되지 아니함으로 그리스도의 날에 나로 자랑할 것이 있게 하려 함이라 ¹⁷만일 너희 믿음의 제물과 봉사 위에 내가 나를 관제로 드릴지라도 나는 기뻐하고 너희 무리와 함께 기뻐하리니 ¹⁸이와 같이 너희도 기뻐하고 나와 함께 기뻐하라

하나님의 힘만이 괴로움의 무거운 짐을 견디게 하고
우리를 굳건히 서게 할 것이다.   - 쟝 칼뱅 -

주님을 위해 받는 고난

이번 말씀에서 우리에게 가르치고 있는 메시지는 바로 크리스쳔의 정체성에 관한 것입니다. 우리 크리스쳔의 정체성은 무엇입니까? 사도 바울은 매우 중요한 가르침을 주고 있습니다. 그리스도가 보여 주신 본을 좇아 사는 사람들, 다시 말해 '복음에 합당하게 사는 사람들'이 우리가 가져야 할 정체성입니다. 말씀을 통해 새롭게 우리의 정체성을 회복하며, 각자의 삶이 복음에 합당한 삶인지 되돌아보아야겠습니다.

복음에 합당한 삶은 그리스도를 믿을 뿐 아니라 그를 위해 고난 받는 삶을 사는 것입니다(1:27~30).

27절은 '오직'이라는 단어로 시작합니다. 헬라어를 보아도 '오직 이것', 또는 '이 한 가지'라고 해석할 수 있습니다. NIV 성경에서도 'whatever happens'라고 해석함으로 어떠한 다른 것이 요구되거나, 어떠한 압력 속에서도 "너희는 그리스도 복음에 합당하게 생활하라"는 가르침을 분명히 하고 있습니다.

이러한 행위적 명령은 우리의 구원을 안정권에 도달하게 한다거나 하나님의 구원의 불안정성을 말하고 있는 것이 아닙니다. 골로새서 1장 13절에서 말하고 있듯이, 이미 예수 그리스도를 믿는 모든 이들은 어둠의 세력에서 빛의 나라로 옮겨졌으며, 약속된 상급으로 성령을 받았습니다. 그렇다면 "그리스도 복음에 합당하게 생활하라"는 말씀의 의미는 무엇일까요? 그것은 바로 우리를 구원해 주신 하나님의 은혜에 대한 솔직한 인정과 감사의 삶이 너무나도 당연하다는 것입니다.

이어 "너희가 일심으로 서서 한 뜻으로 복음의 신앙을 위하여 협력하는 것과 아무 일에든지 대적하는 자를 인하여 두려워하지 아니하는 이 일을 듣고자 함이라"는 말씀이 나옵니다. 사도 바울은 어떤 상황에서도 복음에 합당하게 생활하라고 권고하고 있습니다.

물론 그러한 모든 것에는 고난이라는 요소가 함유되어 있을 수 있습니다. '이렇게 제대로 사는데 내가 왜 그러한 고난을 당해야 하는가?'라는 질문을 해 볼 수 있습니다. 그러나 29절에 보면 사도 바울은 "그리스도를 위하여 너희에게 은혜를 주신 것은 다만 그를 믿을 뿐 아니라 또한 그를 위하여 고난도 받게 하심이라."고 분명히 말하고 있습니다. 바로 주님을 좇는다는 것은 십자가를 지는 삶이며 그러한 고난의 삶을 당연한 것으로 받아들여야 한다는 것입니다.

누가복음 9장 23절에서는 '자기를 부인하고 날마다 제 십자가를 지고 나를 좇으라.'고 말하고 있습니다. 이것이 주님의 제자도의 핵심이라고 할 수 있습니다. 복음에 합당한 삶을 살기 위해 고난을 두려워하지 않고, 오히려 당연히 여기는 삶을 살아가야 합니다. 그럴 때 복음이 전파됩니다.

복음은 나누는 것

복음에 합당한 삶은 복음의 특권들을 즐길 뿐 아니라

그러한 것들을 나누어 주는 것입니다(2:1~4).

1절에서 사도 바울은 "그러므로 그리스도 안에 무슨 권면이나 사랑에 무슨 위로나 성령의 무슨 교제나 긍휼이나 자비가 있거든"이라고 말하고 있습니다. 즉 "그리스도와 함께함을 통해 얻는 권면을 경험하였다면, 또한 그분의 사랑하심을 통해 위로를 얻었다면, 성령님과의 교제를 경험하였다면, 그리고 하나님으로부터의 긍휼과 자비를 경험하였다면"이라고 풀어 볼 수 있습니다.

2절 이후에는 우리가 속한 공동체 전체가 "뜻을 합하여 한마음을 품어" 그리스도를 높이며, 하나님을 경외하며, 자신을 부인하며, 다른 사람들을 세워 주는 모습을 가지는 것이 필요하다고 말하고 있습니다. 이것은 우리 모두가 복음에 빚진 자들이기 때문입니다. 이제 우리 모두가 그 빚을 갚을 차례입니다.

3절에서는 "다툼이나 허영으로 하지 말고"라고 말씀하고 있습니다. 남에게 유익을 주고 남을 먼저 생각하는 데 관심을 가지는 것이 필요하다는 것입니다. 바로 이것이 모든 기독교인들이 후대에 전해야 할 전통입니다. 자신의 모든 권리와 특권을 자신을 위해 쓰지 않으시고 우리 죄인들을 위해 주시고 또 주시고, 희생하시고 또 희생하시고, 낮아지시고 또 낮아지신 예수 그리스도를 닮아야 한다는 것입니다.

요즘 같이 이기주의가 팽배한 사회 속에서 우리는 바로 '나 말고'(besides me, before me, but me)라는 표현대로 살아가야 합니다. 이제는 우리가 이미 받은 것과 우리가 경험하고 이미 소유하고 있는 것을 나누어 주는 것이 필요한 때입니다.

주도적인 삶을 살라

복음에 합당한 삶은 우리의 삶 속에서 구원을 이루기 위해 부단히 노력하는 것입니다(2:12~18).

12절은 '그러므로'라는 표현으로 시작하고 있습니다. 직전에 나오는 예수 그리스도의 십자가의 참혹한 고통, 그리고 영광을 얻으시는 모습을 염두에 두고 하는 말입니다. 성경에서는 "그러므로… 항상 복종하여 두렵고 떨림으로 너희 구원을 이루라"고 말씀하고 있습니다. 이 표현을 잘 이해하는 것이 중요합니다.

> 세상의 모습을 보며 오히려 주도적인 삶을 살아야 합니다.

이것은 "하나님이 하실 수 있는 것은 이미 하셨으니, 이제 우리의 몫이 남았다."라고 말하는 것이 아닙니다. 또한 "하나님이 모든 것을 하실 테니 그냥 가만히 성령님께 모든 것을 맡기면 된다."라는 태도에도 문제가 있습니다. 오히려 그러한 두 개의 극단적 모습에서 벗어나 중용을 지킬 것을 말하고 있습니다. 사도 바울은 "두렵고 떨림으로 너희 구원을 이루라. 너희 안에서 행하시는 이는 하나님이시니 자기의 기쁘신 뜻을 위하여 너희로 소원을 두고 행하게 하시나니"라고 그 이유를 설명하고 있습니다.

그렇다면 구원을 이룬다는 말의 구체적인 뜻은 무엇일까요? 질문에 대한 답을 사도 바울은 14~18절 말씀을 통해 가르쳐 주고 있습니다. 우선 14절에 "모든 일을 원망과 시비가 없이 하라."고 말하고 있습니다. 바로 기독교인들은 만족하는 모습이 필요하다는 것입니다. 진정한 감사로 가득한 삶과 거룩한 찬양으로 가득한 성도들이 되어야 한다는 것입니다. 그래서 "이는 너희가 흠이 없고 순전하여 어그러지고 거스르는 세대 가운데서 하나님의 흠 없는 자녀로 세상에서 그들 가운데 빛들로 나타내며"라고 말하고 있습니다. 세상의 모습을 보며 오히려 주도적인 삶을 살아야 한다는 것입니다.

이러한 삶을 살아야 하는 이유로 16절 후반에서는 "나의 달음질도 헛되지 아니하고 수고도 헛되지 아니함으로 그리스도의 날에 나로 자랑할 것이 있게 하려 함"이라고 말하고 있습니다. 우리의 영적인 지도자들의 노력을 헛되지 않게 하는 노력이 필요하다는 것입니다.

마지막으로 사도 바울은 "만일 너희 믿음의 제물과 봉사 위에 내가 나를 관제로 드릴지라도 나는 기뻐하고 너희 무리와 함께 기뻐하리니 이와 같이 너희도 기뻐하고 나와 함께 기뻐하라."라고 말하고 있습니다. 빌립보 교인들의 주 안에서 승리하는 삶 자체를 제사에 비교하여 비유로 표현하고 있습니다. 그들의 그러한 삶이 제사라면 사도 바울의 삶, 사역으로 인해 죽음에 이르는 것까지를 그 위에 부어지는 관제로 비유하고 있습니다.

관제는 커다란 희생 위에 부어지지 않고는 아무 의미가 없습니다. 바로 그들에게 희생인 신앙인으로서의 삶이 있을 때 사도 바울의 순교까지도 의미를 찾을 수 있다는 것입니다. 이것이 진정한 기독교 지도자로서의 태도입니다. 지도자는 그를 좇는 자들에 의해 평가되며, 지도자의 모든 것이 그를 좇는 자들에 의해 결정되며 그것에 의해 온전해진다는 고백입니다.

우리 각자의 기독교인으로서의 삶에 대하여 본 장의 말씀은 많은 것들을 생각하게 해 줍니다. 우리는 혼자가 아닙니다. 우리는 혼자 설 수 없는 존재이며, 스스로 만들어진 존재도 아닙니다. 그리스도가 계시기에 우리가 존재하며, 우리의 신앙의 선배와 공동체가 있기에 우리가 존재합니다. 그리스도를 닮아가는 노력이 필요합니다.

그분과 같이 복음에 합당한 삶을 살기 위해 고난을 받는 것도 거절하지 말아야 합니다. 우리에게 베풀어 준 신앙의 선배들과 스승의 사랑과 사역을 이제 우리의 후배들과 제자들에게 나누어 주어야 합니다. 또한 우리의 삶 속에서 두려움과 떨림으로 구원을 이루는 사역에 헌신해야 합니다. 즉, 우리의 궁극적인 모델이 되시는 예수 그리스도의 모습을 본받아야 한다는 것입니다.

3장 빌립보서 2장 5절~11절

낮아짐으로 얻는 기쁨

자기의 권리를 부인할 때,

자기의 소유를 다른 사람을 위해 사용할 때

하나님께서 높여 주십니다.

영광의 자리는 겸손과 섬김을 통해서 얻어집니다

빌립보서 2장 5절~11절

⁵너희 안에 이 마음을 품으라 곧 그리스도 예수의 마음이니 ⁶그는 근본 하나님의 본체시나 하나님과 동등됨을 취할 것으로 여기지 아니하시고 ⁷오히려 자기를 비어 종의 형체를 가져 사람들과 같이 되었고 ⁸사람의 모양으로 나타나셨으매 자기를 낮추시고 죽기까지 복종하셨으니 곧 십자가에 죽으심이라 ⁹이러므로 하나님이 그를 지극히 높여 모든 이름 위에 뛰어난 이름을 주사 ¹⁰하늘에 있는 자들과 땅에 있는 자들과 땅 아래 있는 자들로 모든 무릎을 예수의 이름에 꿇게 하시고 ¹¹모든 입으로 예수 그리스도를 주라 시인하여 하나님 아버지께 영광을 돌리게 하셨느니라

> 순종은 모든 덕행의 면류관이며 영예이다.
> - 마틴 루터 -

자기를 비우신 예수님

요즘 사람들은 '뜬다' 와 '뜬다' 라는 표현을 자주 사용합니다. 모두들 튀며, 뜨며, 자기 자신을 나타내기 위한 시대를 살고 있는 듯합니다. 이러한 현대 사회의 모습 가운데 겸손의 미덕을 강조하기란 쉽지 않습니다.

겸손은 헬라 시대까지 거슬러 올라가 볼 때, 성경에 근거한 기독교의 기본 덕목입니다. 그 문화적 배경을 생각해 볼 때 겸손에는 기독교의 독특함이 담겨 있습니다. 본 장의 말씀은 예수님의 본을 통해 겸손의 덕목을 가르치고 있습니다. 실제 겸손의 삶을 사시고 가르치신 예수 그리스도를 통하여 중요한 가르침을 얻을 수 있습니다.

예수님은 우리의 죄를 대신해 십자가의 자리를 선택하셨습니다(6~8절).

6절 시작 부분에 나오는 "그는 근본 하나님의 본체시나"라는 말씀은 예수 그리스도가 어떠한 분이셨는지 말해 주고 있습니다. 여기서 본체라는 단어는 7절에 나오는 '종의 형체'라는 표현 중 형체와 헬라어 단어가 같습니다. 바로 하나님과의 진정한 동등하심과 그분이 택하신 온전한 종이 되심을 보여 주고 있습니다.

한글 성경에서는 '본체시나'라고 하여 '본체임에도 불구하고'라는 양보적인 의미로 번역을 하였으나, 실은 헬라어 자체가 분사로 되어 있어 원인의 의미로 '그는 근본 하나님의 본체이시기 때문에'라고 해석할 수 있습니다. 개인적으로 뒤에 나오는 해석이 주어진 문맥에 잘 맞는다고 생각합니다. 즉 성경 속에 나오는 하나님, 사랑의 하나님, 은혜의 하나님과 동일하신 하나님이시기 때문에 "하나님과 동등됨을 취할 것으로 여기지 아니하시고"라는 표현을 사용했습니다. 그러한 모든 권리와 특권들을 자기를 위해 사용하실 수 있음에도 불구하고 그러지 않으셨기 때문에 "자기를 비어 종의 형체를 가져 사람들과 같이 되었고"라고 말씀하고 있습니다.

여기서 '자기를 비었다'라는 표현은 끊임없는 토론과 논쟁이 있는 곳입니다. 논쟁의 초점은 과연 '비었다'라는 의미가 무엇인가 라는 것입니다. 문자적으로 '예수님이 그의 신성을 비우셨다'라는 주장도 있으며, '그의 하나님으로서의 속성을 비우셨다'라고 주장하는 사람도 있습니다. 그러나 이러한 주장은 궁극적으로 '하나님이심을 포기했다' 또는 '더 이상 하나님이 아니다'라는 의미가 포함되어 가장 완전한 'God-Man'(하나님-사람) 되신 예수님을 설명하기엔 부족합니다. 숙어적인 표현으로 '모든 권리를 포기했다'라고 해석하는 것이 가장 좋습니다.

다음에 나오는 "종의 형체를 가져 사람들과 같이 되었고"라는 표현을 통해 자연스럽게 설명이 되듯 그분은 신성을 비우신 것도, 하나님의 속성을 비우신 것도 아니었습니다. 오히려 하나님과 동등하신 분으로 자기의 모든 권리를 자기의 유익을 위해 사용할 수 있음에도 사랑의 하나님이시기 때문에 인간이라는 종의 모습을 택하셨다는 것입니다.

분명히 알아야 하는 것은 그분은 아무것도 버리지 아니하시고 종의 모습을 택하셨다는 것입니다. 8절에 보면 "사람의 모양으로 나타나셨으매 자기를 낮추시고 죽기까지 복종하셨으니 곧 십자가에 죽으심이라."고 기록되어 있습니다. 여기서 '자기를 낮추심'이란 '자기를 비우심'과 유사한 표현임을 알 수 있습니다. 또한 우리가 잘 아는 십자가라는 단어는 그 당시 잔혹과 끔찍함의 대명사였습니다. 종들에게만 허락되었고, 반역자나 국가 질서 파괴자 등 극악범들에게만 주어지는 최고의 형벌이었습니다. 바로 예수님은 십자가라는, 인간으로서도 가장 낮은 모습으로 자기를 낮추셨다는 것입니다.

예수 그리스도의 모델

예수님의 낮아짐으로 그분은 온전히 가장 높으신 분이 되셨습니다(9~11절).

9절은 '이러므로'라고 시작하고 있습니다. 이어 "하나님이 그를 지극히 높여 모든 이름 위에 뛰어난 이름을 주사"라고 기록되어 있습니다. 그 당시 사람들에게 이름은 매우 귀중한 것이었습니다. 성경 속에서 이름이란, 때로는 예언적이며, 때로는 그 사람의 속성을 묘사하는 것입니다. 여기서 "모든 이름 위에 뛰어난 이름"이란 어떤 이름일까요?

가장 가능성이 있는 것은 11절에 나오는 '주'(Lord)라는 이름입니다. 히브리 성경에서 나오는 '여호와'라는 하나님의 이름이 헬라어로 번역이 될 때 사용되던 단어가 '주'(Kyrios)라는 단어이기 때문입니다. 이사야 42장 8절에도 보면 "나는 여호와니 이는 내 이름이라 나는 내 영광을 다른 자에게, 내 찬송을 우상에게 주지 아니하리라."고 되어 있는데 이것을 NIV 성경에서는 "I am the Lord; that is my name."이라고 번역하고 있습니다. 사실 이스라엘 사람들도 '야훼'(Yahweh)라는 단어 대신에 '주'라는 의미를 가진 '아도나이'(adonai)라는 단어를 사용하고 있습니다. 이러한 것을 보아도 예수 그리스도에게 그러한 이름이 부여되었다는 것은 매우 중요한 것입니다.

10절, 11절에 보면 "하늘에 있는 자들과 땅에 있는 자들로 모든 무릎을 예수의 이름에 꿇게 하시고 모든 입으로 예수 그리스도를 주라 시인하여 하나님 아버지께 영광을 돌리게 하셨느니라."는 말씀이 나옵니다. 결국 마지막 때에 일어날 그분을 인정하는 시간을 염두에 두고 말하고 있습니다. 어떤 이는 예수님을 믿고 회개하고 그분을 인정할 것입니다. 그러나 어떤 이는 그분을 믿지 않아 굴욕과 두려움 속에 보내며 결국 그분의 주됨을 인정하는 시간을 맞고 있다는 것입니다.

그러나 하나님 되심에도 불구하고 이 땅에 오셔서 "아버지의 뜻을 행하는 것이 당신의 양식"이라고 말씀하시던 예수 그리스도는 부활하시어 이 세상의 역사를 주관하시는 주가 되신 후에도 하나님께 영광을 돌리고 있습니다. 진정 다양함 속에서 하나됨을 보여 주는 모델이라고 할 수 있습니다.

낮아짐을 배우라

우리는 예수님을 영접하고 그분의 모델을 좇아 살아가야 합니다(5절).

이러한 예수님의 삶이 우리에게 무엇을 의미합니까? "너희 안에 이 마음을 품으라 곧 그리스도 예수의 마음

> 진정하게 뜨는 것은 낮아짐을 통해 얻어진다는 사실을 깨달아야 합니다.

이니"라는 말씀에 이러한 가르침을 준 의도가 담겨 있습니다. 바로 예수님의, 자신을 낮추는 행위를 본받으라는 것입니다. 겸손과 자기 부인을 배우라는 것입니다. 자기의 특권과 자기의 권리까지도 남을 위해 사용하기를 원하는 마음이 필요하다는 것입니다.

요즘 사람들은 튀는 것과 뜨는 것이 중요하다고 말합니다. 개인적으로 자신의 개성과 창의력이 발산되는 것은 문제가 없다고 생각합니다. 사실 그 당시 다른 종교와 다른 가르침과 비교하여 본다면 예수 그리스도의 가르침과 삶 자체는 매우 튀는 것이었습니다. 그렇지만 만약 자신이 뜨기 위해 튀는 것이라면 그것은 참으로 안타까운 것입니다.

오히려 예수님을 본받는 사람이 되기 원합니다. 예수님의 삶을 통해서도 발견하였듯이 자기를 부인할 때, 자기의 권리를 부인할 때, 자기의 소유를 다른 사람을 위

낮아짐으로 얻는 기쁨

해 사용할 때 하나님께서 높여 주십니다. 영광의 자리는 겸손과 섬김을 통해서 얻어진다는 사실을, 진정하게 뜨는 것은 낮아짐을 통해 얻어진다는 사실을 기억하시기 바랍니다.

앞에서 강조하였듯이 겸손이라는 덕목은 이 세상에서 결코 발견할 수 없는 것입니다. 겸손은 오직 예수 그리스도의 모델과 그 가르침을 통해서 우리에게 전달된다는 것을 기억하고, 그분의 마음을 닮아가는 삶을 경험하며 삽시다.

4장 빌립보서 2장 19절~24절, 3장 17절

본받을 자를 본받으십시오

우리는 우리의 삶 속에서

평생을 통하여 지속적으로 변치 않고

신실한 모습으로 주어진 역할을

감당하며 살아야 합니다.

빌립보서 2장 19절~24절, 3장 17절

¹⁹내가 디모데를 속히 너희에게 보내기를 주 안에서 바람은 너희 사정을 앎으로 안위를 받으려 함이니 ²⁰이는 뜻을 같이하여 너희 사정을 진실히 생각할 자가 이 밖에 내게 없음이라 ²¹저희가 다 자기 일을 구하고 그리스도 예수의 일을 구하지 아니하되 ²²디모데의 연단을 너희가 아나니 자식이 아비에게 함같이 나와 함께 복음을 위하여 수고하였느니라 ²³그러므로 내가 내 일이 어떻게 될 것을 보아서 곧 이 사람을 보내기를 바라고 ²⁴나도 속히 가기를 주 안에서 확신하노라

3 ¹⁷형제들아 너희는 함께 나를 본받으라 또 우리로 본을 삼은 것같이 그대로 행하는 자들을 보이라

> 사람들은 충고해 주지만 하나님은 인도해 주신다.
> - 레오나드 레이븐힐 -

가르침을 받을 만한 사람

인간은 모방을 통해 발전하며 성장합니다. 그것은 어릴 때뿐 아니라 어른이 되어서도 마찬가지입니다. 성경에서는 관찰을 통한 모방의 중요성에 대해서 강조하고 있습니다. 그것이 제자도의 가장 기본이 되는 방법이라고 말하고 있습니다. 예수님께서도 자신을 좇는 사람들에게 "와 보라"(요 1:39)고 말씀하십니다. '와서 나의 삶을 보면 모든 것을 알게 될 것이다.' 라는 것입니다. 또한 예수님은 제자들을 훈련시킬 때에 먼저 가르치고, 시범을 보이시고, 함께하시고, 그 후에 혼자 하도록 하는 방법을 택하셨습니다.

이번 말씀도 같은 맥락에서 생각해 볼 수 있습니다. 사도 바울은 "내가 그리스도를 본받는 자 된 것같이 너희는 나를 본받는 자 되라."(고전 11:1)고 말했으며 "형제들

> 예수를 본받는 자를 관찰하여 그들을 좇아 행하는 것이 우리에게 필요합니다.

아 너희는 함께 나를 본받으라 또 우리로 본을 삼은 것같이 그대로 행하는 자들을 보이라."(빌 3:17)고 말하고 있습니다. 예수를 본받는 자를 관찰하여 그들을 좇아 행하는 것이 우리에게 필요합니다. 배우는 것도 중요하지만 본을 통해 스스로 배워 가는 것이 더 중요하다는 것입니다. 이런 각도에서 빌립보서에 그려져 있는 세 사람(디모데, 에바브로디도, 사도 바울)에 대해 차례대로 살펴보기 원합니다. 이번 장에는 디모데를 통한 교훈을 살펴보겠습니다.

먼저, 우리는 가르침을 받을 만한 사람이 되어야 합니다.

디모데는 가르침을 받을 만한 사람이었습니다. 20절에서 사도 바울은 '뜻을 같이하여… 을 할 사람이 디모데밖에 없다'(20절)라고 말하고 있습니다. 영어 성경 NASB에서 뜻을 같이한다는 부분을 살펴보면 "I have no one else of kindred spirit."이라고 기록되어 있습니다. 즉, 디모데는 사도 바울과 동일한 생각을 가진 사람이었다는 것입니다. 이 말씀을 보며 '어떻게 디모데와 사도 바울이 동일한 마음을 갖게 되었을까' 라는 질문을 던져 볼 수 있습니다. 그것은 바로 디모데가 가르침을 받을 만한 사람이었기 때문입니다.

디모데는 사도 바울과 함께 사역의 드림팀으로서의 역할을 감당할 수 있는 사람이었습니다. 디모데후서 1장 4절을 보면 이런 표현이 나옵니다: "네 눈물을 생각하여 너 보기를 원함은 내 기쁨이 가득하게 하려 함이니" 영의 아버지인 사도 바울의 디모데를 향한 그리움을 절실히 나타낸, 사도 바울의 특별한 사랑을 그리고 있는 부분입니다.

영의 스승으로서 사도 바울이 가장 신뢰할 수 있는 사람은 바로 디모데였습니다. 디모데는 누구보다도 사도 바울의 마음을 잘 알고 있는 사람이었습니다. 이러한 관계이기 때문에 사도행전 및 바울 서신을 보면 사도 바울은 항상 디모데를 자신의 뜻을 전하는 사람으로, 또는 상황을 판단하는 사람으로 보냈습니다. 이러한 사도 바울의 디모데를 향한 신뢰는 디모데전·후서에도 분명하게 나타나 있습니다.

우리도 가르침을 받을 만한 모습을 갖도록 노력해야 합니다. 그러한 자세가 있을 때 어느 누구에게라도 배울 수 있습니다. 배우는 자세가 멈추는 순간, 발전의 가능성은 더 이상 없어진다는 것을 기억해야 합니다.

예수를 닮는 삶

우리는 예수를 닮은 섬기는 지도자가 되어야 합니다.

20절은 디모데에 관하여 "뜻을 같이하여"라는 표현 다음으로 "너희 사정을 진실히 생각할 자가 이밖에 내게 없음이라."고 말하고 있습니다. 이 말씀은 가르침을 받을 만하다는 말을 보완하고 있다고 볼 수 있습니다. 즉, 잘못된 지도자나 스승에게까지 가르침을 받을 만하게 되라는 것이 아닙니다. 어떠한 사람들인가에 관계없이 무조건 배우는 것은 가르침을 받는 사람의 바른 태도가 아닙니다.

스승을 고르는 데 있어 필요한 요소를 20~21절에서

발견할 수 있습니다. 이 말씀은 과연 우리가 어떤 가르침을 받아들여야 하는지 결정할 수 있도록 도와 줍니다. 바로 예수를 닮은 모습이 있는 스승과 가르침에 대해서 말하고 있습니다.

20절에 "너희 사정을 진실히 생각할 자가 이밖에 내게 없음이라."라는 표현은 이 세상에 존재하는 여러 모습의 지도자들과 바울과 디모데의 리더십을 비교하게 만드는 부분입니다. 대부분의 세상 사람들은 리더가 되길 원합니다. 겉으로 분명히 표현하지 않아도 그러한 자리에 앉기 원하는 이유는 높임을 받고 싶기 때문일 것입니다. 그러나 디모데에게는 그러한 자기중심적인 모습이 보이지 않습니다. 오히려 빌립보 교인들의 상황과 사정을 진실로 생각하는 자였습니다. 이것은 누구의 모습입니까?

물론 디모데의 그런 모습은 사도 바울을 닮은 모습이었습니다. 또한 빌립보서 2장 6~11절을 통해 그런 디모데의 모습은 예수님을 닮은 모습이라는 것을 알 수 있습니다. 이러한 점에서 디모데는 특별한 사람이었습니다. 사도 바울뿐 아니라 예수님을 닮은 지도자였습니다.

그러나 대부분의 사람들은 21절의 유혹에서 벗어나지 못합니다. "저희가 다 자기 일을 구하고 그리스도 예수의 일을 구하지 아니하되"라는 유혹입니다. 오직 자기의 일을 구하는 모습은 예수님 제자의 모습이 아니며, 하나님이 원하시는 리더의 모습이 아닙니다. 십자가의 메시지를 좇아 남을 섬기는 모습의 중요성이 우리 모두의 마음 가운데 분명히 자리할 수 있어야 합니다. 그것이 주님이 기뻐하시는 리더의 모습입니다.

제자로서의 삶

우리 각자의 삶 속에 주님의 제자로서의 증거가 나타나야 합니다.

22절 말씀을 보면 디모데에게 배울 수 있는 점이 또 기록이 되어 있습니다: "디모데의 연단을 너희가 아나니 자식이 아비에게 함같이 나와 함께 복음을 위하여 수고하였느니라." 이 구절에서 가장 먼저 주목해야 할 표현은 "너희가 아나니"라고 하는 부분입니다. 디모데가 어떠한 삶을 살고 있는지 빌립보 교인들이 알고 있다는 것을 표현하고 있습니다.

"자식이 아비에게 함같이"라는 표현은 아직도 많은 곳에서 지속되고 있는 직업의 대물림에 관한 내용입니다. 산업혁명 이전에는 아버지가 하는 직업의 묘수와 기술을 아들에게 전수하는 모습이 일반적이었습니다. 사도 바울 시대에는 더욱 당연한 것이었습니다. 아버지가 하는 일을 대물림하는 방법은 바로 아버지가 하는 것을 보고 배우며 그대로 따라 하는 것이었습니다. 위의 표현을 통하여 디모데는 사도 바울의 제자, 영의 아들로서 사도 바울의 하는 것을 충실히 따라 하며 사도 바울의 사역을 그대로 이어받는 삶을 살고 있었음을 알 수 있습니다.

  사도 바울의 마지막 편지의 마지막 부분에 가까운 디모데후서 4장 9~11절에 기록된 사도 바울의 디모데를 향한 마지막 부탁을 보아도 우리는 디모데와 사도 바울의 관계에 대해, 또한 인간 디모데에 대해 알 수 있습니다: "너는 어서 속히 내게로 오라 데마는 이 세상을 사랑하여 나를 버리고 데살로니가로 갔고 그레스게는 갈라디아로, 디도는 달마디아로 갔고, 누가만 나와 함께 있느니라 네가 올 때에 마가를 데리고 오라 저가 나의 일에 유익하니라."

무엇보다 말씀을 통해 알 수 있는 것은 디모데와 사도 바울의 관계가 끝까지 아름다웠다는 것입니다. 아버지와 아들과의 관계처럼 디모데는 복음 전파의 사역을 감당하며 영적 아버지인 사도 바울에게 끝까지 충성했던 것을 볼 수 있습니다. 쉽게 자신의 이익을 위하여 배반하고 버리는 세상에서 살고 있는 우리에게 귀한 교훈을 주는 부분입니다.

우리도 디모데의 이런 모습을 본받아야 합니다. 우리의 배움과 훈련의 열매가 우리의 삶 속에 증거로 나타나야 합니다. 삶은 훈련과 적용의 연속이라고도 표현할 수 있습니다. 그러기에 우리는 우리의 삶 속에서 평생을 통하여 지속적으로 변치 않고 신실한 모습으로 주어진 역할을 감당하며 살아야 합니다. 디모데와 같이 변치 않고 영적 스승과 동역하며 살아간 모습이 우리 모두에게 있어야 합니다. 각자의 삶 속에 그리스도의 제자됨의 증거가 나타나야 합니다.

5장 빌립보서 2장 19절~24절, 3장 17절

헌신의 사람, 에바브로디도

하나님이 우리에게 맡겨 주신 사역은
이 세상을 복음을 통해 변화시켜야 하는
것임을 잊어서는 안 됩니다.

빌립보서 2장 19절~24절, 3장 17절

¹⁹내가 디모데를 속히 너희에게 보내기를 주 안에서 바람은 너희 사정을 앎으로 안위를 받으려 함이니 ²⁰이는 뜻을 같이하여 너희 사정을 진실히 생각할 자가 이 밖에 내게 없음이라 ²¹저희가 다 자기 일을 구하고 그리스도 예수의 일을 구하지 아니하되 ²²디모데의 연단을 너희가 아나니 자식이 아비에게 함같이 나와 함께 복음을 위하여 수고하였느니라 ²³그러므로 내가 내 일이 어떻게 될 것을 보아서 곧 이 사람을 보내기를 바라고 ²⁴나도 속히 가기를 주 안에서 확신하노라

3

형제들아 너희는 함께 나를 본받으라 또 우리로 본을 삼은 것같이 그대로 행하는 자들을 보이라

헌신은 가장 가치 있는 것을 위해 나머지 것을 기꺼이 버릴 수 있는 적극적인 태도다.　　-존 화이트-

에바브로디도의 특별한 사랑

이번 말씀에서는 우리에게 많이 알려지지 않은 한 사람에 대해 다루고 있습니다. 이 사람은 미의 여신인 아프로디테에서 가져온, 지극히 이방적인 느낌이 드는 이름을 가진 에바브로디도라는 인물입니다. 이름을 통해 불신자의 가정에서 태어난 그가 사도 바울의 사역, 또는 빌립보 교회의 사역을 통해 복음을 듣고 변화하였을 가능성을 유추해 볼 수 있습니다. 그를 향해 사도 바울은 이렇게 말합니다: "이러므로 너희가 주 안에서 모든 기쁨으로 저를 영접하고 또 이와 같은 자들을 존귀히 여기라"(2:29). 무엇으로 인해 사도 바울이 에바브로디도를 존귀히 여기는 사람으로 추천하고 있는지 살펴보고자 합니다.

먼저 빌립보서에서 발견할 수 있는 에바브로디도라는 사람에 관하여 살펴보겠습니다. 빌립보서 4장 10절과 16~18절을 통해 알 수 있는 사실은 에바브로디도는 빌립보 교인들이 모은 헌금을 지니고 온 사람이었다는 것입니다. 또한 그는 옥중에 있는 사도 바울을 돕고자 하는 의도로 빌립보 교인들이 보낸 사람이었습니다(2:30). 그러나 그는 사도 바울에게 오는 중에, 또는 와서 머무는 중에 병이 들어 거의 죽을 정도까지 아프게 되는 경험을 합니다(2:26, 27, 30).

사도 바울은 이런 에바브로디도를 향하여 "그는 나의 형제요 함께 수고하고 함께 군사된 자요 너희 사자로 나의 쓸 것을 돕는 자"(2:25)라고 부르고 있습니다. 이 말씀에 근거하여 에바브로디도라는 사람을 통해 배울 수 있는 교훈에 대해 살펴보겠습니다.

우리는 주 안에서 형제 · 자매된 자들을 향한 깊은 형제애를 키워야 합니다.

사도 바울은 에바브로디도를 향하여 '나의 형제'라고 부르고 있습니다. 사도 바울이 디모데와 디도를 영적인 자녀라고 표현하는 것과는 차이가 있습니다. 바울은 '형제'라는 단어를 사용하여 그의 특별한 형제애를 부각시키고 있습니다.

에바브로디도는 빌립보로부터 약 1,200km나 떨어져 있는, 바울이 옥중 생활을 하고 있는 로마로 찾아와 바울을 섬기고자 했습니다. 30절에 보면 에바브로디도는 심지어 이 일을 하다가 목숨까지 잃어버릴 뻔했다는 사실을 알 수 있습니다. 또한 말씀을 통해서 에바브로디도의, 빌립보에 있는 형제·자매들을 향한 특별한 사랑을 살펴볼 수 있습니다. 바로 그는 자신이 죽음까지 이르도록 아팠다는 것을 빌립보 교인들이 들었다는 사실로 인해 매우 근심하였습니다(26절).

빌립보와 로마의 거리를 생각해 볼 때, 에바브로디도가 아픈 사실이 빌립보 교인들에게 알려지며, 또 그들이 걱정한다는 사실이 다시 에바브로디도에게 알려진 것에서 우리는 그가 오랫동안 아팠을 것이라고 단정해 볼 수 있습니다. 그렇지만 그는 자신의 극심한 아픔 속에서도 자신이 아프다는 사실보다 그로 인해 가슴 아파하는 형제·자매를 생각하며 더욱 근심하는 사람이었습니다.

갈라디아서 6장 10절에서 사도 바울은 "그러므로 우리는 기회 있는 대로 모든 이에게 착한 일을 하되 더욱 믿음의 가정들에게 할지니라."고 권하고 있습니다. 에바브로디도는 사도 바울과 빌립보 교인들을 이어 주는 역할을 사랑으로 감당하는 사람이라고 말할 수 있습니다. 우리에게는 하나님께서 이미 맺어 주신 관계가 있음에도 분열된 모습, 고립된 모습으로 살아가고 있는 것이 현실입니다. 에바브로디도와 같이 서로 사랑을 베풀며 서로를 연결해 줄 수 있는 사람들이 필요합니다. 우리 모두 그러한 일에 앞장서는 사람들이 되고자 노력해야 합니다.

우리는 하나님의 동역자들

우리는 주님의 사역을 위임받은 자들임을 잊어서는 안 됩니다.

사도 바울은 에바브로디도를 향해 "함께 수고하고 함께 군사된 자"라고 부르고 있습니다. 에바브로디도는 사도 바울이나 디모데와는 달리 평신도에 불과했습니다.

> 우리 모두가 하나님의 동역자들입니다. 우리 모두는 하나님의 부르심을 받은 군사들입니다.

단지 그는 사도 바울에게 헌금을 전달하는 일과 사도 바울을 얼마 동안만 도와주는, 상대적으로 제한된 임무를 부여받은 사람이었습니다. 그러나 사도 바울은 그를 단순히 일꾼이라고 부르고 있지 않습니다. 오히려 그를 향하여 "함께 수고하는 자"(다시 말해 동역자), "함께 군사 된 자"(다시 말해 이 세상에 영적 싸움을 하기 위해 부름을 받은 하나님의 동료 군사)로 부르고 있다는 사실을 주목해야 합니다.

21세기를 보통 '평신도 선교의 세기'라고 말합니다. 전도를 하는 데 있어서도 전임 사역자보다는 평신도의 사역이 훨씬 활성화될 수 있는 시대를 살고 있는 것입니다. 그러나 이러한 역량 및 잠재력이 온전히 발휘되지 못하고 있는 것이 안타까운 현실입니다.

우리 모두가 하나님의 동역자들입니다. 우리 모두는 하나님의 부르심을 받은 군사들입니다. "우리의 씨름은

헌신의 사람, 에바브로디도

혈과 육에 대한 것이 아니요 정사와 권세와 이 어두움의 세상 주관자들과 하늘에 있는 악의 영들에게 대함이라."(엡 6:12)는 말씀을 기억하며 살아야 합니다. 하나님이 우리에게 맡겨 주신 사역은 이 세상을 복음을 통해 변화시켜야 하는 것임을 잊어서는 안 됩니다. 세상과 사회의 어떤 영역도, 어떤 계층도 열외가 될 수 없습니다. 모든 영역에서 변화(Transformation)가 일어나야 하기에 모든 계층에 속한 크리스천들이 함께 지상명령 성취를 향해 헌신해야 합니다.

예배자의 삶

우리는 주님께서 맡겨 주신 역할에 최선을 다해야 합니다.

마지막으로 사도 바울은 에바브로디도를 향해 "너희 사자로 나의 쓸 것을 돕는 자"라고 부르고 있습니다. 사도 바울을 돕기 위해 빌립보 교인들이 보낸 자라고 말하고 있는 것입니다. 그런데 여기에서 한 가지 특이한 점은 성경에서 '돕기 위해'라고 해석된 표현과 30절의 '섬긴다'라고 해석된 표현이 헬라어에서는 동일한 단어로

'예배드린다', 또는 '제사장 직분을 행한다' 라는 의미를 지니고 있다는 것입니다. 사도 바울은 이러한 표현을 통해 에바브로디도의 섬김을 예배의 행위와 연결하고 있습니다.

사도 바울이 자신의 사역에 관하여 "이 은혜는 곧 나로 이방인을 위하여 그리스도 예수의 일꾼이 되어 하나님의 복음의 제사장 직무를 하게 하사 이방인을 제물로 드리는 그것이 성령 안에서 거룩하게 되어 받으심직하게 하려 하심이라."(롬 15:16)고 말한 것과 연결해 볼 수 있습니다. 우리가 잘 알고 있듯이 사도 바울은 "나 대신 예수가 산다."고 말하며 충성스럽게 일을 행하였습니다. 우리는 에바브로디도의 모습에서 유사한 점을 발견할 수 있습니다. 30절에는 '저(에바브로디도)가 그리스도의 일을 위하여 죽기에 이르러도 자기 목숨을 돌아보지 아니하였다.' 라고 나와 있습니다.

이 원리를 우리들에게 적용해 볼 수 있습니다. 우리는 각자에게 맡겨진 일을 할 때, '제사장의 직분을 행하고 있느냐' 하는 것입니다. 우리는 함부로, 또는 적당하게 우리에게 맡겨진 일을 행할 수 없음을 기억해야 합니다. 최선을 다해 충성스럽게 그 일을 감당해야 합니다. 사도 바울은 "그러므로 형제들아 내가 하나님의 모든 자비하심으로 너희를 권하노니 너희 몸을 하나님이 기뻐하시는 거룩한 산 제사로 드리라 이는 너희의 드릴 영적 예배니라."(롬 12:1)라고 말하고 있습니다. 여기서 말하는 예배는 '공중 예배'(Corporate worship)가 아닌 '개인 예배'(Individual worship)의 의미를 가집니다. 삶을 영적 예배로 연결하고 있는 것입니다.

바로 삶은 예배가 되어야 한다는 의미로 지속적으로 자신의 삶, 시간, 에너지, 몸과 모든 자원들을 하나님께 드리는 삶, 즉 예배의 삶을 살아야 한다는 것을 의미합니다. 하나님 중심으로 살아가야 하며, 다르게 말해 기독교인들의 삶 속에서 예배하지 않는 삶은 존재하지 않는다고 말할 수 있습니다.

에바브로디도를 향한 사도 바울의 세 가지 표현을 통해 우리는 다시 한번 모든 크리스천들의 역할들을 새겨볼 수 있었습니다. 말씀에서는 예수 그리스도의 사역으로 인해 가족된 자들을 향하여, 세상을 향하여, 하나님을 향하여 어떤 자세로 살아가야 하는지를 분명히 가르쳐 주고 있습니다. 형제로, 동역자와 군사로, 그리고 예배드리는 자로 이 세상에서 맡겨 주신 역할을 지혜롭게 감당하는 사람들이 되어야겠습니다.

6장 빌립보서 3장 1절~14절

영적인 변화를 추구하십시오

우리들의 삶에 가장 중요한 변수가 무엇입니까?

우리들의 야망과 야심과 우리들의 목표가 무엇입니까?

그러한 모든 것의 부호를 바꾸실 수 있는 분이

예수 그리스도입니다.

빌립보서 3장 1절~14절

¹끝으로 나의 형제들아 주 안에서 기뻐하라 너희에게 같은 말을 쓰는 것이 내게는 수고로움이 없고 너희에게는 안전하니라 ²개들을 삼가고 행악하는 자들을 삼가고 손할례당을 삼가라 ³하나님의 성령으로 봉사하며 그리스도 예수로 자랑하고 육체를 신뢰하지 아니하는 우리가 곧 할례당이라 ⁴그러나 나도 육체를 신뢰할 만하니 만일 누구든지 다른 이가 육체를 신뢰할 것이 있는 줄로 생각하면 나는 더욱 그러하리니 ⁵내가 팔일 만에 할례를 받고 이스라엘의 족속이요 베냐민의 지파요 히브리인 중의 히브리인이요 율법으로는 바리새인이요 ⁶열심으로는 교회를 핍박하고 율법의 의로는 흠이 없는 자로라 ⁷그러나 무엇이든지 내게 유익하던 것을 내가 그리스도를 위하여 다 해로 여길 뿐더러 ⁸또한 모든 것을 해로 여김은 내 주 그리스도 예수를 아는 지식이 가장 고상함을 인함이라 내가 그를 위하여 모든 것을 잃어버리고 배설물로 여김은 그리스도를 얻고 ⁹그 안에서 발견되려 함이니 내가 가진 의는 율법에서 난 것이 아니요 오직 그리스도를 믿음으로 말미암은 것이니 곧 믿음으로 하나님께로서 난 의라 ¹⁰내가 그리스도와 그 부활의 권능과 그 고난에 참예함을 알려 하여 그의 죽으심을 본받아 ¹¹어찌하든지 죽은 자 가운데서 부활에 이르려 하노니 ¹²내가 이미 얻었다 함도 아니요 온전히 이루었다 함도 아니라 오직 내

가 그리스도 예수께 잡힌 바 된 그것을 잡으려고 좇아가노라 ¹³형제들아 나는 아직 내가 잡은 줄로 여기지 아니하고 오직 한 일 즉 뒤에 있는 것은 잊어버리고 앞에 있는 것을 잡으려고 ¹⁴푯대를 향하여 그리스도 예수 안에서 하나님이 위에서 부르신 부름의 상을 위하여 좇아가노라

믿음은 그리스도를 보는 눈이 있을 뿐 아니라 그리스도에게 날아가는 날개도 있다. - 토마스 왓슨 -

진정한 자랑거리

최근 사회 전반에 외모 지상주의 분위기가 확산되고 있습니다. 명품을 통해 외적인 두각을 보이려는 '명품족', 외적인 건강과 미(美)가 초유의 관심인 '웰루킹(well-looking)족' 들이 늘고 있으며, 외적인 모습에 근거한 '몸짱' 또는 '얼짱' 이라 불리는 범주에 범죄자가 포함되는 사례까지 등장하고 있습니다. 물론 외모의 중요성과 함께 외모를 가꾸고자 하는 태도는 누구나 공감할 수 있는 부분입니다. 그렇지만 건전하며 균형 잡힌 철학과 가치관을 가지고 이 이슈에 접근해야 합니다. 사람들이 자신의 외적인 모습을 관리하기 위해 많은 노력을 하는 반면에 '자신들의 영적인 몸매 또는 영적인 성형을 위해 과연 얼마나 신경을 쓰고 있는가' 라는 질문을 던지고 싶습니다. 이번 장의 말씀에 나오는 사도 바울을 통해 우리는 어떠한 것에 힘을 써야 하는지를 깨달을 수 있습니다.

먼저, 예수님이 우리의 자랑거리가 되야 합니다(1~3절).
1절에서 사도 바울은 '기뻐하라' 라는 말로 시작하고 있습니다. 그는 자신이 반복해서 그 말을 하고 있다고 말하고 있습니다. 2장 17~18절에서 동일한 표현이 반복되어 있다는 것을 염두에 두고 볼 때 여기에서 사도 바울은 자신이 삶을 관제로 드려지는 데 있어서 자신에게 너무나 귀중한 동역자들인 디모데와 에바브로디도에 대한 것을 기억하며 또 한번 기뻐하라는 말을 하고 있는 것입니다. 그 표현을 한 후 사도 바울은 다음에 말할 것을 이미 다른 때에 말을 하였지만 노파심에서 다시 말한다며 이야기를 이어갑니다.

그 말의 처음 부분이 2절부터 나오는데 '우리 믿는 이들은 자신감을 어디서 찾아야 하는가' 라는 것입니다. 그 당시 가장 자부심이 강한 사람들을 고르라고 한다면 유대인 남자들이었을 것입니다. 그때는 하나님과 그와 백성의 관계 속에 들어가기 위해 남자들에게 '할례' 라는 것은 마치 멤버십과 같은 것으로 여기는 상황이었습니다. 그러한 사람들에게 복음이 전해져 믿는 자들이 생겼으나 그들 중에는 적지 않는 무리들이 예수 그리스도가 메시아일지라도 온전한 구원을 위해서는 남자들에게 할례가 필요하다고 생각했습니다. 결국 기독교를 유대교의 한 교단처럼 여기는 가르침을 믿고 전하는 자들이 생겼다는 것입니다. 그러한 사람들을 사도 바울은 '손할례당'이라고 부르고 있습니다.

그러한 자들을 향하여 사도 바울은 '하나님의 성령으로 봉사하며 그리스도 예수로 자랑하고 육체를 신뢰하지 않는 우리가 곧 할례당이다.'라고 말합니다. 그들은 온전히 구약을 이해하지 못하였다고 말하고 있는 것입니다. 구약에서 조차도 결코 육신의 할례 자체가 하나님과의 특별한 관계를 보장하지 못했기 때문입니다. 오히려 신명기 10장 16절과 30장 6절, 또는 에스겔서 44장 9절을 보면 '마음에 할례를 행하라.'에 관한 표현이 있음을 그들은 보지 못하였다는 것입니다. 예수님을 통하여 이 세상에 주신 복음을 믿음으로 변화된 삶을 얻으며 마음의 할례를 받았다는 것이 자랑거리가 되어야 한다고 말하고 있습니다.

요즘과 같이 서로 자기 자랑하기 좋아하는 분위기 가운데 '우리가 자랑하고 있는 것이 무엇인가' 라는 질문을 스스로 해 보기 원합니다. 겉으로 보이는 성공이 결코 하나님의 복의 증거가 될 수 없으며, 어느 교단에 속해 있다는 것, 어느 교회에 나가는 것 등이 결코 자랑거리가 될 수 없습니다. 사도 바울은 자신에게 중요했던 모든 것도 이제 더 이상 자랑거리가 아니라고 말하고 있습니다. 우리의 학교, 집안, 성공, 지식, 그 어느 것도 우리의 자랑거리가 될 수 없습니다. 왜냐 하면 그 어느 것보다 더욱 중요한 자랑거리가 우리 모두에게 있기 때문입니다. 그것은 우리가 모시고 사는 예수 그리스도입니다. 사도 바울은 우리들에게 예수님으로 인하여 자부심과 자신감을 갖는 것이 얼마나 중요한지를 보여 줍니다.

그의 나라와 그분을 향한 헌신

예수님이 우리의 삶의 최우선순위가 되어야 합니다(4~9절).

여기에서 사도 바울은 자기의 과거에 대하여 말하고 있습니다. 육체에 관하여 말을 하자면 그는 자랑할 것이 많은 사람이었습니다. 그는 로마제국에서도 가장 헬라 문화가 발달되었던 곳인 '다소'에서 출생하였습니다. 그리고 로마 시민이었으며, 문화적으로 발달한 지역에서 자라난 사람으로 이 부분에서도 명시하고 있듯 유대인 중에 유대인이었습니다. 율법을 지키는 집안에서 태어났을 뿐 아니라 그곳에서 율법에 흠 없이 행하였으며, 열심으로 하나님을 섬겼다는 것 등 사도 바울은 자신에 관한 나열을 통하여 자신이 유대인으로 본이 될 수 있는 삶을 한치 부끄러움 없이 살아왔음을 분명히 하고 있습니다.

그러나 사도 바울은 7절에서 말하고 있듯 '이러한 모든 것들이 내게 유익하던 것이었으나, 예수님을 만난 후 다 바뀌어 버렸다.'고 말하고 있습니다. 더 나아가 '그리스도를 위하여 그러한 것들을 다 해로 여기어 버린다.'고 하였으며 그 이유를 '그리스도를 아는 지식이 가장 고상함'을 인함이라고 밝히고 있습니다. 자신이 가지고

> 그분과 그의 나라와 그분을 향한 우리들의 헌신이 가장 우선순위를 차지해야 합니다.

있던 모든 것을 빚으로 여기고 오직 예수 그리스도를 아는 지식만을 자본으로 만들어 버리는 사도 바울의 모습을 발견할 수 있습니다.

바로 그분이 '모든 것의 모든 것'이 되어 버린 근본적인 이유는 바울이 그분으로 인해 얻은 '의'(칭의, 하나님으로부터 의롭다고 여기어지는 것)로 인함입니다. 그는 이 의에 대하여 세 가지로 말하고 있습니다. 바로 믿음으로 얻어지는 것, 하나님으로부터 오는 것, 이 세상의 모든 것을 무력화해 버리는 것입니다. 그러한 이유 때문에 사도 바울은 8절에서 "또한 모든 것을 해로 여김은 내 주 그리스도 예수를 아는 지식이 가장 고상함을 인함이라 내가 그를 위하여 모든 것을 잃어버리고 배설물로 여김은 그리스도를 얻고 그 안에서 발견되려 함이니"라고 고백합니다.

여기서 사도 바울의 소망과 열정을 볼 수 있습니다.

예수 그리스도가 그의 삶의 우선순위를 차지하고 있다는 것입니다. 바로 그리스도를 얻는 것과 그 안에서 발견되는 것(I gain Christ and be found in him)이 그에게 가장 중요하다는 것입니다.

우리들의 삶에 가장 중요한 변수가 무엇입니까? 우리들의 야망과 야심과 우리들의 목표가 무엇입니까? 그러한 모든 것의 부호를 바꾸실 수 있는 분이 예수 그리스도입니다. 그분과 그의 나라와 그분을 향한 우리들의 헌신이 가장 우선순위를 차지해야 합니다.

영원한 삶의 모델

예수님이 우리 삶의 모델이 되어야 합니다(10~14절).

12절에서 사도 바울은 "내가 이미 얻었다 함도 아니요 온전히 이루었다 함도 아니라"라고 말하고 있습니다. 사실 이 표현을 조금만 생각해 보면 그 표현의 의미심장함을 발견할 수 있습니다. 이 표현을 쓸 때 사도 바울은 이미 예수님을 30년 가까이 알아온 상황이었습니다. 그러한 상황에서 이 말을 한 이유는 바로 그분을 만났고 알지만 더욱 더 잘 알기를 원한다고 말하는 것이었습니다.

그분을 더욱 깊이 아는 것이 기쁨이었습니다.

 그는 10절에 "내가 그리스도와 그 부활의 권능과 그 고난에 참예함을 알려 하여 그의 죽으심을 본받아 어찌하든지 죽은 자 가운데서 부활에 이르려 하노니"라고 말합니다. 그가 알기 원하는 것은 바로 그리스도이며, 그 부활의 권능을 알기 원한다는 것은 바로 주님을 죽음에서 부활시키신 그 능력을 알기 원하는 것이며, 그 고난에 참예함, 즉 예수님의 고난의 사역에 동참할 수 있기를 원한다는 것입니다.
 그 다음에도 그와 유사한 표현들이 나와 있습니다. '그의 죽으심을 본받아 어찌하든지 죽은 자 가운데서 부활에 이르려 한다.'는 것입니다. 어떠한 상황과 때는 모르지만 그러한 것을 통하여 부활의 첫 열매 되신 예수 그리스도를 좇기를 원함을 말하고 있습니다. 분명한 것은 사도 바울은 예수 그리스도를 본받아 그를 모델로 삼으며 살아가기를 원했다는 것입니다. 특별히 그분의 고난 받으심을 강조하고 있습니다. 그것을 위해서 필요한 그분을 죽음에서 부활하게 하신 능력을 경험하기를 원한다고 표현하고 있습니다.

이곳과 그 다음에 나오는 표현을 통하여 인간 사도 바울과 함께 지도자로서의 사도 바울에 대하여 알 수 있습니다. 바로 1장 29절에 말하고 있듯 '고난을 얘기하며 자신은 그러한 것을 피하는 것이 아닌' 사람이었습니다. 남에게 말하는 것을 자신에게도 적용하며, 실천하는 것을 남에게 가르치는 사람이었습니다. 또한 결코 과거의 자신의 업적에 관하여 만족하는 사람이 아니었습니다. 13절에서 "오직 한 일 즉 뒤에 있는 것을 잊어버리고"라는 말에서 분명하듯 자신의 발전을 위해 결코 쉬지 않는 사람이었습니다. 주님을 알아가며 주님을 닮아가기에 결코 쉬지 않는 지도자임을 알 수 있습니다. 사도 바울의 모델이 예수 그리스도이기 때문에 말과 행동이 일치하며, 행함으로 가르치고자 했으며, 믿는 대로 가르치며, 그를 닮기 위해 부단한 노력을 하고 있는 것입니다.

여러분의 자랑거리가 무엇입니까? 여러분의 삶의 우선순위를 정하는 데 있어서 가장 중요한 잣대는 무엇입니까? 여러분의 삶의 모델이 누구입니까? 바로 이 모든 답에 있어서 우리 모두 '예수 그리스도'라는 답을 달아야 합니다. 진정 우리의 모습을 위해, 우리의 부족함을 채우기 위해 영적으로 성형 수술이 필요한 곳이 있다면 바로 이러한 영역입니다. 예수 그리스도의 능력으로 우리가 원하는, 또한 성경에서 원하는 영적인 모습으로 변화하기를 시도합시다.

7장 빌립보서 3장 15절~21절

리더십 디자인

사도 바울의 가르침은 분명했습니다.
우리 모두가 본받아야 할 모델링의 대상을
분명히 선정해야 한다는 것입니다.

빌립보서 3장 15절~21절

¹⁵그러므로 누구든지 우리 온전히 이룬 자들은 이렇게 생각할지니 만일 무슨 일에 너희가 달리 생각하면 하나님이 이것도 너희에게 나타내시리라 ¹⁶오직 우리가 어디까지 이르렀든지 그대로 행할 것이라 ¹⁷형제들아 너희는 함께 나를 본받으라 또 우리로 본을 삼은 것같이 그대로 행하는 자들을 보이라 ¹⁸내가 여러 번 너희에게 말하였거니와 이제도 눈물을 흘리며 말하노니 여러 사람들이 그리스도 십자가의 원수로 행하느니라 ¹⁹저희의 마침은 멸망이요 저희의 신은 배요 그 영광은 저희의 부끄러움에 있고 땅의 일을 생각하는 자라 ²⁰오직 우리의 시민권은 하늘에 있는지라 거기로서 구원하는 자 곧 주 예수 그리스도를 기다리노니 ²¹그가 만물을 자기에게 복종케 하실 수 있는 자의 역사로 우리의 낮은 몸을 자기 영광의 몸의 형체와 같이 변케 하시리라

> 우리가 무엇을 숭배하고 누구에게 예배하는 가에 따라 우리의 행위가 결정된다. - 존 머레이 -

리더십 모델링

21세기를 '3D의 세기'라고 말합니다. 3D란 Digital, DNA, Design을 가리킵니다. 그 중 마지막 D는 흔히 웹·의상·가구 디자인 등을 이야기할 때 사용하는데 최근 우리 사회의 경향을 보며 '외모 Design'이라는 표현까지도 쓴다고 합니다. 지금은 이러한 요구에 편승하여 성형외과 의사들이 무척 인기가 있습니다. 그러나 게놈프로젝트가 완성되어 DNA 조작을 통한 생명 공학이 본격화되면 제일 먼저 퇴출될 직업이 성형외과 의사들이라고도 합니다. 어떻게 변할지 모르는 세상, 우리는 무척 흥미로운 세상을 살고 있습니다. 이러한 세상에서 '리더십 디자인'(Leadership design)이라는 말을 만들어 보았습니다. 이것은 '과연 우리는 어떤 리더십을 꿈꾸며 우리를 만들어 가고 있는가' 라는 질문을 던집니다.

리더십을 만들어 가는 데 있어서 모델링은 매우 중요합니다. 어떤 이의 삶을 닮기 원하는가, 어떤 것을 피해야 하는가, 무엇을 중심부에 두며 살아가는가 등이 우리가 리더십 디자인을 하는 데 있어서 해답을 발견해야 하는 질문들입니다.

우리는 본받을 가치가 있는 자들을 본받아야 합니다 (17절).

사도 바울의 '본받으라' 라는 대상에는 이미 2장 12절 이후 소개된 디모데, 에바브로디도 외에 3장에서 언급한 자신의 모습에 대한 것을 포함하고 있습니다. 그 외에 '빌립보 교회의 다른 본받을 만한 사람들을 본받으라.' 라고 말하고 있습니다. 지금까지 빌립보서에서 소개된 본받아야 할 사람들의 삶의 양식에 대하여 다음과 같이 정리해 볼 수 있습니다.

디모데와 같이 '배우려는 자세' (teachable), 즉 섬기는 지도자의 모습을 가지고 우리 모두는 삶 속에서 주님의 모습을 드러내야 한다는 것입니다. 또한 에바브로디도를 통해 '우리의 삶이 예배라는 것을 염두에 두며 살아

> 가장 좋은 교육은 모델링입니다. 영어에서도 가장 좋은 교육은 가르침을 통해서가 아니라 배우는 자의 감지를 통해서 이루어집니다.

야 한다.'는 교훈을 얻을 수 있었습니다. 그리고 사도 바울 자신에 대해서는 예수님을 자랑거리로 삼으며, 그분을 우리의 삶의 최우선순위에 모시며, 그분이 우리 삶의 모델이 되어야 함을 볼 수 있었습니다.

사도 바울은 17절에서 이렇게 말합니다: "형제들아 너희는 함께 나를 본받으라 또 우리로 본을 삼은 것같이 그대로 행하는 자들을 보이라(take note of)." 본받을 만한 사람들의 삶을 모델링하는 것이 얼마나 중요한지를 말씀하고 있습니다. 우리가 그러한 삶을 살 때 다른 이들이 우리의 삶을 본받을 수 있습니다. 가장 좋은 교육은 모델링입니다. 영어에서도 가장 좋은 교육은 가르치는 자의 가르침을 통해서(taught)가 아니라 배우는 자의 감지(caught)를 통해서 이루어진다고 합니다. 우리 각자가 좇고자 하는 모델은 누구입니까? 본받을 만한 사람입니까? 본받을 만한 요소는 무엇이며 그것을 본받기 위해 우리는 어떠한 노력을 하고 있습니까?

십자가의 원수를 경계하라

우리는 본받아서는 안 될 사람을 분별해야 합니다 (18~19절).

18절 후반부를 보면 "여러 사람들이 그리스도 십자가의 원수로 행하느니라"고 말씀하고 있습니다. 여기서 말하고 있는 '십자가의 원수'란 누구일까요? 불신자들을 말하고 있을까요? 아마도 아닐 것입니다. 믿지 않는 사람을 빌립보 교인들이 좇았을 것이라고 생각하는 것에는 무리가 있습니다. 또한 그러한 사람들로 인해 '여러 번, 또한 이제도 눈물을 흘리며 말한다.'는 것은 이해하기 힘듭니다. 지금까지 사도 바울과 함께 본받을 가치가 있는 사람들을 언급하다가 갑자기 전혀 믿지 않는 사람들을 이야기하고 있다는 것은 그리 논리적이지도 않습니다.

이것의 이해를 돕기 위하여 인터넷 상에 자주 유포되는 컴퓨터 바이러스에 비유해 보겠습니다. 바이러스를 담고 있는 이메일의 특징을 보면 공통점이 있습니다. 가장 친한 사람들에게서 온 듯한 포장을 하거나, 가장 중요한 내용을 담고 있는 듯하게 제목을 달고 있거나, 가장 위급한 메시지를 담고 있는 듯하게 포장을 하고 있다는 사실입니다. 하지만 그것을 시행하면 컴퓨터의 파일이 삭제되거나 파괴되어 복구불능의 상태로 빠지는 등 외적인 것과 너무나 정반대의 결과를 경험한다는 공통점도 찾을 수 있습니다.

이곳에서 사도 바울이 말하는 '십자가의 원수'라는 부류에 속한 사람들도 믿는 이들처럼 자신들을 가장한 후 가장 소중한 진리를 전하는 것처럼 주장하고 있지만 실제로 '우리를 잘못된 곳으로 인도하는 실제적인 원수'라고 할 수 있는 사람들입니다. 그러나 이 사람들은 1장에서 언급된, 사도 바울을 힘들게 하기 위해 복음을 전하던 사람들과는 종류가 다릅니다. 오히려 이들은 좋은 말만 합니다. 은혜와 영광과 부귀와 영화가 그들 언어의 전부입니다. 결국 반쪽 신앙을 가지고 살게 만드는 기독교의 리더인 체하는 사람들을 가리키고 있습니다.

이러한 표현을 통해 사도 바울은 온전한 복음을 전하지 않는 것을 주의시키고 있습니다. 사도 바울이 3장 10절에서 말했던 "내가 그리스도와 그 부활의 권능과 그 고난에 참예함을 알려 하여"와 연결해 볼 때 동전의 양면과도 같은 '영광의 면뿐만 아니라 고난의 면'도 동시에 염두에 두어야 한다는 것입니다.

사도 바울은 고난의 측면을 간과하는 사람들을 가리켜 '십자가의 원수'라고 표현하고 있습니다. 이러한 사람들은 신앙을 가졌다고 하면서도 이기주의자가 되며, 자기중심적이 되며, 기독교 공동체에 대한 의식이 없으며, 고난과 어려움을 만나면 신앙을 저버릴 수밖에 없는 사람들이 됩니다. 그들 자신은 스스로 믿는 사람이라고 주장할지라도 사도 바울은 이들을 결코 믿는 사람이 아니라고 말합니다. 결국 자신이 이기적으로 살기 때문에 '그들의 신은 배가 되며 그들의 영광은 저희의 부끄러움에 있다.'(19절)고 말하고 있습니다. 그리스도를 위하여 고난에 접근하기는커녕 자신들의 편안함과 안위를 향해 끝없이 노력하기 때문입니다. 결국 본문은 '그리스도를 위한 고난'을 부정하는 자들 또는 그러한 면에 침묵하는 가르침을 전하는 자들을 향한 사도 바울의 경계라 할 수 있습니다.

우리는 그러한 자들을 결코 본받아서는 안 됩니다. 그렇다고 하여 사도 바울이 차갑게 그저 신학적인 메시지로 비판만 하고 있지는 않습니다. 18절에서 말하고 있듯 사도 바울은 눈물로 호소하고 있습니다. 십자가의 고난의 메시지가 빠져 있고, 그러한 고난을 무시하는 신앙은 우상 숭배라고 말하고 있는 것입니다. 이러한 자들을 향한 사도 바울의 태도에서 우리는 리더로서의 중요한 자질을 배우게 됩니다. 바로 우리는 그러한 자들을 거절하는(denounce) 모습이 있어야 하나 눈물로써 해야 합니다. 눈물은 있으나 거부와 거절의 모습이 부재한 모습은 곤란합니다. 둘 다 균형을 이루는 자세가 필요합니다.

우리의 진정한 관심

우리에게는 천국의 시민답게 사는 것이 관심거리가 되어야 합니다(20~21절).

진정한 지도자의 모습 속에 꼭 있어야 하는 것은 그리

스도의 재림에 대한 메시지입니다. 우리 모두는 천국의 시민이라는 것을 기억해야 합니다. 물론 여기서 중요하게 여겨야 하는 것은 '천국의 시민권과 한국의 시민권과의 균형을 어떻게 맞추며 살 것인가' 입니다.

지난번 한 졸업생으로부터 이런 질문을 받은 적이 있습니다. 우리는 천국의 시민으로 세계 복음화가 중심이 되어야지, 왜 민족 복음화가 그렇게 중요한가 라는 질문이었습니다. 언뜻 들어 보면 매우 그럴 듯한 질문이지만 조금만 생각해 본다면 그렇지 않다는 것을 알 수 있습니다. 한국 C.C.C.가 민족 복음화만을 외치고, 거기에서 멈추고 있다면 그러한 지적도 타당하다고 생각합니다. 그러나 한국 C.C.C.는 두 개의 목표를 향해 평행을 이루며 정진하고 있다는 것을 보아야 합니다. 우리는 모두 크리스천이라는 사실과 함께 한국 민족이라는 사실을 기억하며 그 틀 속에서 하나님이 기대하시는 사명과 역할을 생각해야 합니다.

사도 바울의 경우에도 이곳에서는 천국 시민권에 관한 중요성을 말하고 있으나 로마서 9장 3절을 보면 "나의 형제 곧 골육의 친척을 위하여 내 자신이 저주를 받아 그리스도에게서 끊어질지라도 원하는 바로다."라고 말함으로 유대 민족을 향한 안타까움을 드러내고 있습니다. 그럼 이곳에서는 천국 시민이라는 사실을 잊어버렸을까요? 존 낙스와 같이 '스코틀랜드의 구원과 자신의 목숨을 바꾸기를 간구하였던 사람이 자기가 천국 시민이라는 사실을 잊어버렸을까요? 그렇지 않습니다. 오늘 본문에서도 말하고 있듯이 천국 시민권을 가지고 있다는 것은 우리의 진정한 관심이 어디에 있는가를 질문합니다.

우리의 진정한 관심에 관련하여 천국 시민권을 강조하고 있는 것입니다. 매우 혼란하고 불확실한 세상을 살아가며 우리 각자의 리더십을 어떻게 디자인할 것인가를 생각해 봅시다. 사도 바울의 가르침은 분명했습니다. 우리 모두가 본받아야 할 모델링의 대상을 분명히 선정해야 한다는 것입니다. 사도 바울은 자기와 같이 자신 있게 말할 수 있는 삶을 살 것을 도전하고 있습니다.

사도 바울은 고린도전서 11장 1절에서 "내가 그리스도를 본받는 자 된 것같이 너희는 나를 본받는 자 되라."라고 말합니다. 비록 예수그리스도를 볼 수 없고, 사도 바울을 만날 수는 없으나 성경을 통하여 그분들을 발견하여 각자의 모델로 삼을 수 있습니다. 제대로 된 모델링을 통하여 우리의 리더십을 바르게 하고, 참 리더들을 세우시는 하나님의 역사에 동참합시다.

8장 빌립보서 4장 1절~5절

주 안에 서야 합니다

상황에 의존하기보다는

그 상황을 주관하고 계시는 주님께로

기쁨의 근본 이유를 옮기는 노력이 필요합니다.

빌립보서 4장 1절~5절

¹그러므로 나의 사랑하고 사모하는 형제들, 나의 기쁨이요 면류관인 사랑하는 자들아 이와 같이 주 안에 서라 ²내가 유오디아를 권하고 순두게를 권하노니 주 안에서 같은 마음을 품으라 ³또 참으로 나와 멍에를 같이한 자 네게 구하노니 복음에 나와 함께 힘쓰던 저 부녀들을 돕고 또한 글레멘드와 그 외에 나의 동역자들을 도우라 그 이름들이 생명책에 있느니라 ⁴주 안에서 항상 기뻐하라 내가 다시 말하노니 기뻐하라 ⁵너희 관용을 모든 사람에게 알게 하라 주께서 가까우시니라

> 크리스천은 정수리부터 발끝까지 '할렐루야'로 채워져야만 한다.
> - 어거스틴 -

문제의 해답은 '주 안에서'

폴 케네디가 『21세기 준비』(Preparing for the 21st century)라는 저서에서 "21세기는 모든 것이 불확실하며 확실한 한 가지는 모든 것이 불확실하다는 사실이다."라고 한 말에 동감이 되는 세상에 살고 있습니다. '과연 앞으로 다가오는 세상은 어떠한 모습일 것인가'를 질문해 봅니다. 물론 거기에는 기쁘게 받아들일 면이 있는가 하면 거부하며 때로는 흐름에 역행해야 하는 경우도 있을 것입니다. 그러기에 우리는 사도 베드로가 말한 것처럼 '마음의 허리를 동이고' (벧전 1:13) 다가오는 세상을 맞아야 하는 것입니다.

그러한 삶을 살아가는 데 있어서 가장 기초가 되는 개념이 있습니다. '백문일답'과 같이 모든 문제에 답이 될 수 있으며 사도 바울의 신학적 메시지를 가장 잘 담고 있다고 할 수 있는 '주 안에서'(in the Lord)라는 표현입니다. 본문은 '주 안에 서라'(stand firm in the Lord, NIV)는 권고로 시작하고 있습니다. 그렇다면 '어떻게 하는 것이 주 안에서 서는 것인가' 또는 '주 안에 서기 위해 어떻게 살아야 하는가'를 몇 번에 걸쳐 살펴보기로 하겠습니다. 분명히 알아야 하는 것은 어떠한 세상이 와도 주 안에 있을 때 걱정이 없다는 것입니다. 그 안에 해답이 있습니다.

우리는 주 안에서 '같은 마음'을 품어야 합니다.

여기서 사도 바울은 유오디아와 순두게라는 두 여인을 예로 들고 있습니다. 우리는 먼저 '이 여인들이 누구였을까'라는 질문을 해 볼 수 있습니다. 본문에서는 그 여인들을 사도 바울과 '함께 힘쓰던 부녀'라고 기록하고 있습니다. 다시 말하자면 바울 사도와 함께 복음을 위해 힘쓰던 사람들입니다. 그러나 이 두 사람이 갈등 속에서 하나가 되지 못했다는 것을 엿볼 수 있습니다. 이 두 사람을 향해 사도 바울은 사도권을 가지고 명령을 할 수 있음에도 불구하고 권하는 모습을 보이고 있습니다.

그리고 나서 '나와 멍에를 같이한 자'를 향하여 두 여인이 같은 마음을 가질 수 있도록 도와 달라고 부탁합니다. 이 사람의 정체는 정확히 알 수 없으나 그 당시에 교회에서 알려지고 존경 받는 사람이었을 것이라고 추측할 수 있습니다. 요지는 2절에서 말하고 있듯이 두 여인들이 '주 안에서 같은 마음을 품는 것'을 도우라는 것입니다. 여기서 쓰인 '같은 마음을 품는다, 동의한다'라는 단어는 빌립보서에서 열 번이나 나오는 단어입니다.

그렇다면 '같은 마음을 품는다.'는 것은 무엇을 말하고 있는 것일까요? 사도 바울이 다른 서신서에서도 분명히 말하듯 진리가 아닌 것과 타협하면서 하나가 되라는 뜻은 아닐 것입니다. 오히려 그가 빌립보서에서 반복하여 강조했던 '복음 중심의 삶'과 연관을 시켜 생각해 보아야 합니다. 바로 복음 중심적인 삶을 살아야 한다는 것입니다.

하나가 된다는 것은 우리 주위를 보아도 그렇게 쉽지 않습니다. 동서와 남북문제뿐 아니라 정치, 사회문제 등에서 극도로 심각한 대립 양상을 경험하고 있는 현시대

> **복음은 우리 모두를 주 안에서 하나 되도록 만들 수 있습니다. 그러기에 우리를 하나로 묶을 수 있는 복음에 초점을 맞추어야 합니다.**

입니다. 정도에 차이는 있지만 교회 속에서도 유사한 경향이 있음을 발견합니다. 이러한 상황에서 우리 믿는 이들이 선택하며 주도할 수 있는 최소한의 태도와 방법은 무엇입니까? 그것은 바로 서로 공통으로 가지고 있는 것에 초점을 맞추는 것입니다.

공통으로 초점을 맞출 수 있는 것이 복음입니다. 복음은 우리 모두를 주 안에서 하나 되도록 만들 수 있습니다. 그러기에 우리를 하나로 묶을 수 있는 복음에 초점을 맞추어야 합니다. 우리 공동체도 예수 그리스도에 초점을 맞추며 같은 마음을 품는 아름다운 공동체를 만들기 위한 노력을 해나가야 합니다.

기쁨의 근원 '예수'

우리는 주 안에서 '항상 기뻐함'으로 서야 합니다.

'기뻐한다'는 표현은 편지 서론부터 나올 뿐 아니라

반복하여 사용된 표현입니다. 2장 17~18절, 3장 1절의 그 표현은 4장 4절에서 다시 반복되어 있습니다. 사도행전 16장을 보면 바울과 실라는 옥에 갇혀 있을 때 낙망하고 풀이 죽어 있거나, 고통에서 탈출시켜 달라고 외치기보다는 찬양하며 기뻐했습니다. 이 편지를 쓰고 있는 당시 사도 바울은 로마 옥에 갇혀 있는 상황이었습니다. 그러나 사도 바울은 "괴로워 죽고 싶다."라고 하기보다 오히려 "기뻐하라, 기뻐하라."라고 말하고 있습니다.

우리가 질문해야 하는 것은 '어떻게 이러한 일이 가능한가' 하는 것입니다. 사도 바울은 항상 예수를 만나기 전 자신의 모습을 생각하며 현재를 보았습니다. 죄의 심각함과 끔찍함을 통해 모든 것을 보았기 때문에 거기에서 해방된 것이 그를 항상 기뻐할 수 있게 했습니다. 우리는 어떻게 항상 기뻐할 수 있습니까?

먼저 주 안에서 기뻐해야 합니다. 기뻐하는 이유가 상황에 있어서는 안 됩니다. 기뻐하는 이유 자체가 상황에 있으면 우리는 변덕스러운 상황과 환경의 지배 아래 들어가 버립니다. 주 안에서 기뻐하는 것은 어떻게, 즉 어떠한 스타일로 기뻐하라는 것이 정해지지 않았습니다. 눈물로 기뻐할 수 있으며, 찬양으로 기뻐할 수 있으며, 침묵하는 가운데에서도, 기도할 때도 기뻐할 수 있습니다. 바울에게 특별히 은혜라는 단어가 중요한 단어였다는 것이 이런 각도에서 이해될 수 있습니다.

사도 바울은 스타일을 말하는 것이 아니라 그 기쁨의 근원이 무엇이어야 하는가를 말하고 있습니다. 느헤미야 8장 10절을 보면 "여호와를 기뻐하는 것이 너희의 힘이니라"고 말하고 있습니다. 야고보서 1장 2~3절에서는 "시험을 만나거든 온전히 기쁘게 여기라 이는 너희 믿음의 시련이 인내를 만들어 내는 줄 너희가 앎이라"고 권하고 있습니다. 상황에 의존하기보다는 그 상황을 주관하고 계시는 주님께로 기쁨의 근본 이유를 옮기는 노력이 필요합니다.

과연 언제, 그리고 얼마나 기뻐해야 하는가에 관하여 사도 바울은 '항상'이라고 말하고 있습니다. 어떻게 항상 기뻐할 수 있습니까? 우리가 기쁨의 근본 이유를 주 안에서 찾고, 우리의 죄와 과거, 죽음의 문제를 해결해 주시며 우리 가운데 선한 일을 시작하신 하나님 아버지께 초점을 맞출 때 이러한 일이 가능해집니다. 믿음으로 우리의 생각과 태도를 바꾸는 노력이 필요합니다.

예수만이 나타나는 삶

우리는 주 안에서 '관용함'을 행해야 합니다.

우리 성경에 '관용함'이라는 단어로 해석되어 있는 헬라어 단어는 영어 성경에서는 신사적이고(gentle), 부드럽고(mild), 배려하며(considerate), 참는(forbearing) 등으로 해석되어 있습니다. 개역한글판에서는 '관용함'이라는 의미를 선택함으로 '용서하고 참는 모습'을 강조했습니다. 한 가지 분명한 사실은 이 단어가 모든 것에 '그저 유한 모습'을 가져야 한다는 뜻은 아니라는 것입니다. 성경 외에도 이 단어가 쓰인 문맥과 상황을 살펴보면 자신을 앞세우지 않는 모습과 관련이 있다는 것을 발견할 수 있습니다.

여러분은 자신이 어떻게 알려지기를 원합니까? '잘생겼다'라는 표현으로 또는 '재치가 있다, 똑똑하다, 부자다, 집안이 매우 좋다' 등의 말로 알려지기를 원하십니까? 아니면 성경을 잘 아는 사람으로, 또는 사역을 잘 하는 사람으로 알려지기 원하십니까? 물론 이러한 것은 다 좋은 것입니다. 그러나 이러한 모든 것은 바로 자기에 관한 것이고, 자기를 나타내는 것이고, 자기 중심이 된다는 것을 알아야 합니다.

이러한 인간의 모습을 보며 사도 바울은 '자기를 나타내지 않는 행위를 하는 사람으로 알려지라.'고 말하고 있습니다. 그것이 빌립보서 2장 6~11절에 나오는 예수님의 모습이었습니다. 그분은 삶에서 사욕이 없으시며 사심 없는 분이었음을 분명히 하고 있습니다.

'왜 자기를 나타내지 않는 사람이 되어야 하는가'도 분명히 말해 주고 있습니다. 사도 바울은 주님이 가까우시기에 그렇다고 말합니다. '주님이 가깝다.'라는 의미는 두 가지로 생각해 볼 수 있습니다. 먼저 생각해 볼 수 있는 것은 시간적(temporal) 의미입니다. 재림이 가깝다라는 것입니다. 그러나 이보다 더욱 타당성과 가능성을 가지고 있는 것은 공간적(spatial) 의미입니다. 주님이 실제로 우리와 함께하시기 때문에 우리는 그분을 나타내야 한다는 것입니다.

만약 우리가 모여 있는 가운데 가장 존경하는 분이 온

다면 우리가 그분을 모셔 두고 우리를 자랑하는 데 집중할 수 있겠습니까? 사도 바울도 그럴진대 우리의 모든 자랑의 근원이 되시는 예수님이 우리 가운데 오신다면 그럴 수가 없다는 것입니다. 우리는 결국 우리의 관용함, 예수님만이 나타나는 삶을 살아야 합니다. 다시 말해 주 안에 사는 것입니다.

우리 모두 주 안에서 같은 마음을 품고자 노력해야 합니다. 서로 공유하고 있는 것에서부터 시작할 수 있습니다. 또한 주 안에서 믿음으로 항상 기뻐해야 합니다. 이러한 태도와 생각은 복음과 복음의 결과를 통해 우리 기쁨의 근원과 궁극적 이유에 초점을 맞춤으로 가능해집니다. 그리고 주 안에서 관용함을 나타내어야 합니다. 우리보다는 우리와 함께하시는 예수님을 나타내는 삶을 살 때 우리의 관용함이 드러날 것입니다.

도저히 따라잡을 수 없을듯 변하는 불확실한 형국 속의 세상입니다. 그러나 사람들이 불안해하며 안절부절 못할지라도 주 안에 사는 이들은 다른 태도와 시각으로 이 모든 것을 헤쳐 나갈 수 있습니다. '주 안에서'는 만사에 적용되는 영원한 '백문일답'이라는 것을 기억하며 삽시다.

9장 빌립보서 4장 6절~9절

우리 자신을
다스려야 합니다

우리는 기도를 통해 모든 일의 주인 되시는

하나님을 인정하게 됩니다.

빌립보서 4장 6절~9절

⁶아무 것도 염려하지 말고 오직 모든 일에 기도와 간구로, 너희 구할 것을 감사함으로 하나님께 아뢰라 ⁷그리하면 모든 지각에 뛰어난 하나님의 평강이 그리스도 예수 안에서 너희 마음과 생각을 지키시리라 ⁸종말로 형제들아 무엇에든지 참되며 무엇에든지 경건하며 무엇에든지 옳으며 무엇에든지 정결하며 무엇에든지 사랑할 만하며 무엇에든지 칭찬할 만하며 무슨 덕이 있든지 무슨 기림이 있든지 이것들을 생각하라 ⁹너희는 내게 배우고 받고 듣고 본 바를 행하라 그리하면 평강의 하나님이 너희와 함께 계시리라

> 기도는 우리가 원하는 바를 얻는 쉬운 길이 아니라
> 하나님이 원하시는 대로 되는 유일한 길이다.
> - 스튜더트 케네디 -

염려하지 않는 삶

얼마전, 〈뉴스위크〉라는 잡지에서는 '마음과 몸의 새로운 과학'(The New Science of Mind & Body)이라는 제목으로 건강에 관한 새로운 이론들을 특집으로 다루었습니다. 그 특집에서는 '용서하는 마음이 건강에 미치는 영향' 등을 다루며 결론적으로 마음을 다스리는 것이 건강을 유지하는 데 얼마나 중요한가를 분명히 해 주었습니다. 이미 많은 사람들이 예상하고 있었지만 권위 있는 하버드 의과대의 임상연구 결과에 근거해 말하고 있으니 심증에 물증이 더해졌다고 할 수 있습니다.

이 시대와 같이 걱정과 스트레스에 휩싸여 사는 현대인들을 염두에 두고 볼 때 빌립보서 4장 6절~9절의 말씀도 같은 맥락에 있다고 할 수 있습니다. 영의 건강뿐 아니라 육체의 건강을 위해서 우리는 '주 안에서 굳게 서야 한다.'는 것입니다. 주 안에서 굳건하게 서 있는 구체적인 예로 사도 바울은 다음 세 가지를 가르치고 있습니다. 이 세 가지를 행함으로 우리는 주님과 더욱 가까워질 수 있으며 그에 더해 웰빙(well-being)의 축복도 경험할 수 있습니다.

우리는 아무 것도 염려하지 말아야 합니다.

우리가 사는 시대만큼 걱정할 문제들이 많은 때가 없었던 것 같습니다. 라디오나 텔레비전 뉴스만 틀어 보아도 세상은 걱정투성이라는 사실을 발견할 수 있습니다. 국제 유가가 천정부지로 뛰고 있고, 온실가스의 배출 증가로 지구온난화가 빠르게 진행되고 있어 북극과 남극의 빙하가 녹고 있습니다. 또한 테러의 위협으로 안전한 곳이 더 이상 없다고 말하고 있고 실업이 증가하고 있으며, 위축되고 있는 내수시장과 사회 각 계층들 간에 더욱 더 심화되는 균열을 바라보며 앞날에 대한 두려움을 가지게 됩니다. 사회 현상들을 보아도 걱정을 자아내는 것으로 가득합니다.

이러한 세상을 볼 때 본문의 시작 부분인 "아무 것도 염려하지 말고"라는 말씀을 보면 어떤 생각이 드십니까? 혹시 슬쩍 웃으며 "사도 바울, 당신은 현재의 세상을 몰라서 그런 말씀을 하는 것 같습니다."라고 답을 하고 있지는 않은가요? 또는 "맞아, 그렇게 해야지."라고 결심하는 순간부터 염려하지 말아야 한다는 사실 때문에 염려하고 있지는 않은지 모르겠습니다. 염려하는 것은 우리 건강에 좋지 않습니다. 사실 염려한다는 것 자체는 스트레스를 더해 주는 역할밖에 하지 못합니다.

얼마 전 CNN에서 조사를 했습니다. "당신이 지금까지 보낸 시간 중에서 가장 아깝게 생각되는 시간은 언제입니까"라는 질문이었습니다. 우리 의견도 그 결과와 비교하며 판단해 보면 좋을 것입니다. 조사한 결과를 다섯 번째부터 나열해 보면 다음과 같습니다. 남 흉보며 보낸 시간들, 청소한 시간들, 출퇴근하며 길에서 뿌린 시간들, TV 보며 보낸 시간들, 마지막으로 가장 아까운 시간은 걱정, 염려하며 보낸 시간이라고 답하였습니다.

세상 사람들도 염려하며 보내는 시간을 가장 후회하

고 있음을 볼 수 있습니다. 임상적이며, 경험적으로 보아도 염려하지 말아야 한다고 말하고 있습니다. 그러나 염려하지 않기를 원하고, 그것이 좋은 것이 아니라는 것을 안다 할지라도 염려하지 않고 살기는 매우 어려운 일임을 알 수 있습니다. 이를 위해 성경에서는 단순히 '염려하지 말라.'(Do not be anxious about anything)고 말하는 것으로 그치지 않고 다음의 단계를 분명하게 더해주고 있습니다.

하나님께 아뢰라

우리는 기도해야 합니다.

오늘 본문에서도 "아무 것도 염려하지 말고 오직 모든 일에 기도와 간구로, 너희 구할 것을 감사함으로 하나님께 아뢰라"고 말하고 있습니다. 시편 기자는 시편 91장 1절~2절에서 "지존자의 은밀한 곳에 거하는 자는 전능하신 자의 그늘 아래 거하리로다 내가 여호와를 가리켜 말하기를 저는 나의 피난처요 나의 요새요 나의 의뢰하는 하나님이라 하리니"라고 고백하고 있습니다. 우리도 동일한 고백을 드려야 합니다. 또한 베드로전서 5장 7절에서 "너희 염려를 다 주께 맡겨 버리라 이는 저가 너희를 권고하심이니라."고 말씀하십니다. 다르게 표현하자면 우리에게 관심을 가지고 계실 뿐 아니라 도우시기를 원하는 하나님께 모든 것을 맡기라고 말씀하고 있는 것입니다.

그러나 반드시 기도를 해야 함에도 불구하고 모든 기도가 동일하지는 않은 것 같습니다. 다시 말해 기도하는 사람들 모두 7절에서 말하고 있듯 "그리하면 모든 지각에 뛰어난 하나님의 평강이 그리스도 예수 안에서 너희 마음과 생각을 지키시리라."는 것을 경험하는 것이 아니라는 것입니다.

〈뉴욕타임즈〉에서 미국 사람들을 대상으로 '기도에 관한 믿음'을 조사한 것을 본 적이 있습니다. "당신은 어떤 보상을 기대하고 기도하는 편입니까, 아니면 보상에 대한 기대 없이 기도하는 편입니까? 혹은 아예 기도를 하지 않는 편입니까?"라는 질문에 대한 답을 정리 분석한 기사였습니다. 이러한 질문에 대한 응답은 '기대하며 기도를 한다'라는 사람이 35퍼센트, 그렇지 않다고 응답

> 성경은 염려의 존재 자체를 부정하라고 말하고 있지 않습니다. 오히려 존재하는 그것을 "하나님께 아뢰라"고 말하고 있습니다.

한 사람이 45퍼센트, 전혀 기도하지 않는다고 하는 사람이 16퍼센트였습니다. 물론 미국은 기독교의 영향으로 일반적으로 기도라는 말이 어색하지 않습니다. 그러나 그러한 응답을 학력별로 자세히 살펴보면 학력이 높을수록 기대하지 않고 기도하는 사람이 많아지는 것을 볼 수 있었습니다. 이렇게 기대 없이 기도하는 사람들은 왜 기도를 할까요? 심리적 안정감 정도를 위해서라고 말하지 않을까 생각합니다.

여러분은 어떤 태도를 가지고 기도하십니까? 기대하지 않고 기도하는 자의 결과는 무엇일까요? 무결과 또는 결과를 얻는다 할지라도 그것은 하나님으로부터 왔다는 것을 부정하는 결과로 받아들일 것입니다. 그러나 본문에서는 그러한 기도를 말하고 있지 않습니다. 본문 말씀을 자세히 살펴보면 기도에 대한 올바른 태도를 알 수 있습니다.

먼저 분명한 것은 우리는 현실을 직시해야 한다는 것입니다. 성경은 염려의 존재 자체를 부정하라고 말하고 있지 않습니다. 오히려 존재하는 그것을 "하나님께 아뢰라"고 말하고 있습니다. 더 나아가 염려의 원인들을 제거하라고 말하고 있지 않습니다. 오히려 '하나님의 평화로 우리의 마음과 생각을 지키실 것'이라고 말하고 있습니다.

결국 우리는 기도를 통해 모든 일의 주인 되시는 하나님을 인정하게 됩니다. 다시 말해 믿음으로 기도하고, 구한 것을 풍성히 채워주실 하나님을 믿으며 살아가야 한다는 것입니다.

변화된 생각으로 살라

우리는 생각할 만한 가치가 있는 것들을 생각해야 합니다.

우리에게 생각할 만한 가치가 있는 것을 생각하는 것은 매우 중요합니다. 염려하기보다는 기도하며, 염려라는 부정적인 면에 초점을 맞추기보다는 긍정적 가치가 있는 요소들에 초점을 맞추어야 합니다. 이것이야말로 하나님께서 원하시는 생각이며 주 안에서 굳건하게 서 있는 모습이기 때문입니다.

사도 바울은 생각할 만한 가치가 있는 여덟 가지를 말하고 있습니다. 첫째, 참된 것, 모든 분야에서 열정적으로 참된 것(진리)을 추구하며 진실하게 살고자 해야 한다는 것입니다. 둘째, 무엇에든지 경건한 것, 하나님이 귀하게 여길 만한 고상한 것을 사모하라고 말하고 있습니다. 셋째, 무엇에든지 옳은 것, 하나님의 규정과 표준을 따라 옳은 것을 따르겠다고 결정하는 것을 의미합니다. 넷째, 무엇에든지 정결한 것, 모든 것이 변하며 상대화되는 이 세상에서 하나님이 받으실 만한 순결함과 깨끗함을 추구할 것을 말하고 있습니다. 다섯째, 무엇에든지 사랑할 만한 것, 아름다운 것을 만들고, 존중하고 감탄할 만한 행동을 할 것을 사모하라고 말하고 있습니다. 여섯째, 무엇에든지 칭찬할 만한 것, 사람들이 품위 있다고 인정하며, 평판이 좋으며, 감탄할 만한 것을 열망할 것을 촉구하고 있습니다. 일곱째, 무엇에든지 덕이 있는 것, 도덕적으로 뛰어나며 높은 수준의 윤리성을 추구하라는 것입니다. 마지막으로, 무엇이든지 기림이 있는 것, 즉 하나님으로부터 칭찬을 받을 만한 것을 구하라는 것입니다.

간단히 요약하자면 하나님과의 연관성 속에서 모든 것을 판단하며 그것에 근거하여 생각을 주관하라는 것입니다. 이것이 주 안에 서 있는 것입니다. 또한 생각은 엄청난 힘을 가지고 있기에 우리는 생각할 만한 가치가 있는 것만을 생각해야 합니다.

불안함이 팽배해 가는 세상을 살아가는 이 시대 크리스천들에게 하나님께서는 사도 바울을 통하여 웰빙의 삶을 사는 비결을 가르쳐 주십니다. 모든 사람들이 상황에 의해 좌우되는 삶을 살아갈지라도 주님을 믿는 자들은 주 안에서 굳게 설 것을 명령하고 있습니다. 아무것도 염려하지 말고, 모든 것을 기도로 하나님께 아룀으로 하늘로부터 오는 평안을 경험하며 생각할 만한 가치가 있는 생각을 하십시오. 여기에 신앙의 비결이 있으며, 상황을 초월하여 승리하는 삶의 원리가 담겨 있습니다. 그러한 삶이 우리 모두의 삶이 되도록 노력합시다.

10장 빌립보서 4장 10절~22절

주 안에서
풍요함을 누리십시오

사도 바울은 하나님으로부터 오는 능력으로

자족함을 갖게 된다는 것을

분명히 말하고 있습니다.

빌립보서 4장 10절~22절

¹⁰내가 주 안에서 크게 기뻐함은 너희가 나를 생각하던 것이 이제 다시 싹이 남이니 너희가 또한 이를 위하여 생각은 하였으나 기회가 없었느니라 ¹¹내가 궁핍하므로 말하는 것이 아니라 어떠한 형편에든지 내가 자족하기를 배웠노니 ¹²내가 비천에 처할 줄도 알고 풍부에 처할 줄도 알아 모든 일에 배부르며 배고픔과 풍부와 궁핍에도 일체의 비결을 배웠노라 ¹³내게 능력 주시는 자 안에서 내가 모든 것을 할 수 있느니라 ¹⁴그러나 너희가 내 괴로움에 함께 참예하였으니 잘하였도다 ¹⁵빌립보 사람들아 너희도 알거니와 복음의 시초에 내가 마게도냐를 떠날 때에 주고받는 내 일에 참예한 교회가 너희 외에 아무도 없었느니라 ¹⁶데살로니가에 있을 때에도 너희가 한 번 두 번 나의 쓸 것을 보내었도다 ¹⁷내가 선물을 구함이 아니요 오직 너희에게 유익하도록 과실이 번성하기를 구함이라 ¹⁸내게는 모든 것이 있고 또 풍부한지라 에바브로디도 편에 너희의 준 것을 받으므로 내가 풍족하니 이는 받으실만한 향기로운 제물이요 하나님을 기쁘시게 한 것이라 ¹⁹나의 하나님이 그리스도 예수 안에서 영광 가운데 그 풍성한 대로 너희 모든 쓸 것을 채우시리라 ²⁰하나님 곧 우리 아버지께 세세 무궁토록 영광을 돌릴지어다 아멘 ²¹그리스도 예수 안에 있는 성도에게 각각 문안하라 나와 함께 있는 형제들이 너희에게 문안하고 ²²모든 성도들이 너희에게 문안하되 특별히 가이사집 사람 중 몇이니라

> 그 사람이 얼마나 행복한가는 감사의 깊이에 달려 있다.
> - 존 밀러 -

자족하는 삶의 비결

모든 것이 변하며 상대화되고 있는 세태를 좇아 친숙하게 여겨지던 단어와 개념들까지도 주관적인 경향으로 바뀌고 있습니다. 오늘 말씀의 제목에 담긴 '풍요함'이라는 단어도 예외가 아닙니다. 누구나 풍요로움을 누리길 원합니다. 그러나 풍요롭다고 느끼는 기준에는 각자 차이가 있을 것입니다. 세상은 다다익선(多多益善)의 기본적 입장에서 풍요함을 보고 있다는 생각이 듭니다. 그러나 우리는 풍요함이라는 단어조차도 주 안에 서서 바라보아야 합니다. 하나님께서는 사도 바울을 통해 우리들에게 풍요로운 삶을 사는 비밀을 가르쳐 주고 계십니다. 다음 세 가지가 있을 때 우리는 주 안에서 풍요로움을 누릴 수 있습니다.

먼저, 삶의 목표가 분명할 때 자족할 수 있습니다.

자족이라는 단어는 풍요로움을 갖는 데 있어 가장 기본이 되는 개념이라고 할 수 있습니다. 사도 바울은 옥에 갇혀 있는 자신에게 헌금을 보내온 빌립보 교인들을 향하여 감사를 표한 후 다음과 같이 말합니다: "내가 궁핍하므로 말하는 것이 아니라 어떠한 형편에든지 내가 자족하기를 배웠노니 내가 비천에 처할 줄도 알고 풍부에 처할 줄도 알아 모든 일에 배부르며 배고픔과 풍부와 궁핍에도 일체의 비결을 배웠노라 내게 능력 주시는 자 안에서 내가 모든 것을 할 수 있느니라"(11~13절). 이 표현에서 우리는 두 가지 원리를 발견할 수 있습니다.

우선 상황이 우리를 주관하도록 허락해서는 안 된다는 것입니다. 많은 이들이 자신이 처한 상황을 탓하며 세상을 살아가는 것을 봅니다. 이와 달리 사도 바울은 두 가지 극단적인 상황을 언급하며 어떠한 상황에서도 자신에게 자족함이 있다고 말하고 있습니다. 그는 때로 부요함 속에 존재할 수 있는 교만함뿐 아니라 가난함 속에 존재할 수 있는 영적인 교만함 또한 피하고 있다고 말하고 있습니다. 상황에 관계없이 우리는 자족감을 느낄

수 있습니다.

사도 바울이 말하는 만족이나 자족은 스토아적인 개념이 아닙니다. 도인(道人)이기에 그러한 의지를 발동할 수 있다는 것도 아니며, 자신은 어떠한 상황에서 만족할 수 있다는 일종의 철학적 근거를 가졌기 때문도 아니었습니다. '내게 능력 주시는 자 안에서 모든 것을 할 수 있다.'는 표현을 통해 하나님으로부터 오는 능력으로 자족함을 갖게 된다는 것을 분명히 말하고 있습니다.

이러한 사도 바울의 모습을 보며 풍요로운 삶을 살 수 있는 비결을 발견하는 것이 중요합니다. 그것을 찾기 위해 바로 서신의 흐름, 즉 주어진 문맥을 살펴 보는 것이 중요합니다. 사도 바울은 이미 상황에 관계없이 기뻐할 수 있음을 논하였으며(2:17~18, 3:1 등) 삶의 푯대를 향하여 가고 있음(3:14)을 분명히 하였습니다. 삶의 목적과 목표가 분명했기에 사도 바울에게 다른 것들은 부수적일 수밖에 없었습니다.

우리에게도 하나님께서 주신 분명한 인생의 목적과 목표가 있습니다. 하나님께서 주셨기에 그것을 이루어

> 상황을 초월하여 자족하는 모습은 우리에게 능력 주시는 자를 의지하며 살아갈 때만이 가능합니다.

가는 여정에도 그분께서 함께하시며 힘을 주실 것입니다. 따라서 상황이 힘들 때마다 우리가 어디로 가고 있는가를 다시금 점검하고 하나님을 의지하여 상황을 이겨 내는 것이 필요합니다. 상황을 초월하여 자족하는 모습은 우리에게 능력 주시는 자를 의지하며 살아갈 때만이 가능합니다. 이것은 삶의 분명한 목적과 목표가 있는 사람만이 발견할 수 있는 것입니다.

하나님께 초점을 맞추라

우리는 하나님 중심으로 모든 것을 보아야 합니다.

상황에 관계없이 만족할 수 있는 마음을 가졌음에도 불구하고 사도 바울은 빌립보 교인들의 후원에 감사함을 표현하고 있습니다. 14절을 보면 "그러나 너희가 내 괴로움에 함께 참예하였으니 잘하였도다"라고 말하고 있습니다. 이들은 십 년 전에 그 지역에서 가장 먼저 사도 바울을 도운 사람들이었습니다. 이는 15~16절에서

"빌립보 사람들아 너희도 알거니와 복음의 시초에 내가 마게도냐를 떠날 때에 주고 받는 내 일에 참예한 교회가 너희 외에 아무도 없었느니라"라는 표현을 통해 알 수 있습니다. 바울은 또한 "데살로니가에 있을 때에도 너희가 한 번 두 번 나의 쓸 것을 보내었도다"라고 예전에 빌립보 교인들의 도움을 상기시킵니다. 이러한 이야기의 배경은 사도행전 16~17장에 기록이 잘 되어 있습니다. 바울은 빌립보 이후 데살로니가, 베레아, 아덴 등의 두 번째 선교여행에서 그들이 보여 준 사랑을 말하고 있습니다.

그러나 사도 바울은 이러한 감사 표현을 통하여 또다른 후원을 부탁하고 있지 않습니다. 우리 각자가 도움을 받은 사람들에게 감사를 표현할 때 이러한 점에 주의할 필요가 있습니다. 감사함을 표현하며 다음에 또 다른 도움이 있었으면 하는 것 말입니다. 오히려 사도 바울은 17절에서 "내가 선물을 구함이 아니요 오직 너희에게 유익하도록 과실이 번성하기를 구함이라"고 분명하게 말합니다.

사도 바울이 기뻐하는 근본적이며 가장 중요한 이유

는 자신이 그들의 선물과 후원을 받았다는 사실이 아니라 그들이 기독교인으로서 바람직한 모습인 친절과 호의를 행함으로 복음의 진보를 낳았으며, 결코 빚진 자로 계시지 아니하시는 하나님의 상급을 받을 것이기 때문입니다. 자신을 도왔다는 사실보다 그들이 도움을 줌으로 인해 하나님의 축복을 경험할 것을 인하여 기뻐한다는 것입니다. 모든 것을 하나님 중심으로 전개하고 있음을 발견할 수 있습니다.

사도 바울은 더 나아가 미래에 그들이 누구에게 할지 모르는 후원에 관하여 "내게는 모든 것이 있고 또 풍부한지라 에바브로디도 편에 너희의 준 것을 받으므로 내가 풍족하니 이는 받으실 만한 향기로운 제물이요 하나님을 기쁘시게 한 것이라."고 말합니다(18절). 자신의 상황을 설명하며 그들이 하는 후원은 하나님께서 받으실 만한 향기로운 제물이라고 말하며 하나님께 초점이 맞추어지게 합니다.

사실 많은 사람들이 도움이나 후원을 받았을 때 두 가지 극단적인 자세를 취합니다. 어떤 사람들은 너무나 지

나치게 감사하여 호의를 베푼 사람을 낯뜨겁게 한다든가 교만하게 만듭니다. 혹은 아주 극단적인 모습을 보이는 사람들도 있습니다. 사람에게 감사하면 그가 교만하게 될 테니 결코 감사하지 않는 것입니다.

그러나 사도 바울은 이러한 극단적인 방법을 택하고 있지 않고 오히려 중용의 방법을 택하고 있습니다. 사람을 칭찬하기보다는 사람들 앞에서 하나님께 감사하고 있습니다: "당신의 삶에 나타나 있는 하나님의 은혜에 저는 매우 기쁩니다. 또는 당신의 삶이 하나님께 향기로운 희생제물입니다. 하나님께서 기뻐하실 것입니다."라고 말입니다. 빌립보 교인들의 아름다운 호의의 원천을 주 하나님께 돌린 것입니다. 하나님은 결코 빚지시는 분이 아니기 때문에 사도 바울은 19절의 말씀과 같이 "나의 하나님이 그리스도 예수 안에서 영광 가운데 그 풍성한 대로 너희 모든 쓸 것을 채우시리라"라고 말합니다. 하나님 중심으로 사는 사람은 심지어 감사하는 모습 속에서도 그러한 향기가 나는 것을 볼 수 있습니다. 우리는 하나님 중심으로 감사하는 자들이 되어야 합니다. 그것이 크리스천들의 올바른 감사의 모습입니다.

주님의 다리가 되어

우리는 주의 제자다운 예의를 갖추고 살아야 합니다.

빌립보서 마지막 부분에 나오는 사도 바울의 인사는 기독교인으로서의 예의범절을 가르치고 있으며 어떠한 사람이 되어야 하는가를 보여 주고 있습니다. 이 인사는 실제로 사도 바울의 편지에서 끝 부분마다 나오는 것입니다: "그리스도 예수 안에 있는 성도에게 각각 문안하라 나와 함께 있는 형제들이 너희에게 문안하고 모든 성도들이 너희에게 문안하되 특별히 가이사집 사람 중 몇이니라"(21~22절).

이 말씀 외에도 사도 바울의 편지 마지막 부분을 보면 사도 바울이 마치 서로 다른 곳에 있는 성도들을 연결시켜 주기 위해 지속적으로 노력하고 있는 느낌을 줍니다. 이것은 기독교인으로서 매우 중요한 것이라고 생각합니다. 요즘과 같이 네트워킹(Networking)을 중요하게 여기는 시대도 그러하지만 기독교인들이 서로 연결이 될 때 주님의 일을 효과적으로 할 수 있는 상승 효과를 경험할 수 있습니다.

그러한 모습이 사도 바울로 하여금 교회사에서 매우

존경 받는 인물이 되는 데 중요한 역할을 감당했을 것이라고 생각합니다. 자신이 아는 사람들을 다른 이들에게 부담 없이, 아무 조건 없이 연결시켜 그 안에서 하나님의 일이 탄생하기를 기대하는 사람들처럼 말입니다. 우리는 이 세상 사람들 사이에 귀한 다리 역할을 하는 사람들이 되어야 합니다.

이와 함께 마지막 부분에 나와 있는 아이러니를 발견해야 합니다. "특별히 가이사집 사람 중 몇이니라"라는 표현이 그렇습니다. 바로 사도 바울이 감옥에 있음에도 불구하고 황제의 가족에게 복음이 전해졌다는 사실입니다. 이러한 표현을 통해 모든 상황을 주관하고 계신 분이 누구신지, 그분이 어떻게 역사하시는지를 말해 주고 있습니다. 그렇습니다. 주님의 제자는 단순히 예의 바른 것뿐 아니라, 믿는 성도들을 서로 연결시켜줌으로 주님의 몸된 교회의 지체들이 성장하도록 도와 주어야 하며, 더 나아가 모든 이의 생각이 하나님을 향하도록 유도하는 것이 필요합니다. 우리의 예의도 바로 궁극적으로 하나님 중심으로 되어야 한다는 것입니다.

"그런즉 너희가 먹든지 마시든지 무엇을 하든지 다 하나님의 영광을 위하여 하라"(고전 10:31). 주 안에서 풍요함을 누리는 비결을 배우며 행하는 우리들이 되어야겠습니다.

복음이 이끄는 삶

© 순출판사 2005

2005년 3월 28일 초판 인쇄
2005년 5월 20일 초판 2쇄 발행
글쓴이 : 박 성 민
펴낸이 : 전 효 심
펴낸곳 : 순(筍)출판사

주소: 서울시 서대문구 홍제4동 215번지
전화: 02)722-6931~2, 팩스: 02)722-6933

천리안: cccnews
한국 C.C.C. 인터넷: http://www.kccc.org
등록: ® 제 1-2464호
등록년월일: 1999.3.15

※잘못 만들어진 책은 바꿔 드립니다.　　　값 5,000원
본서의 판권은 순출판사에 있습니다. 무단 전재 및 복제를 금지합니다.
ISBN 89-389-0162-9